RÉPUBLIQUE FRANÇAISE

LIBERTÉ — ÉGALITÉ — FRATERNITÉ

PRÉFECTURE DE LA SEINE

Cabinet du Préfet — 2e bureau

VILLE DE PARIS

MAIRIE DU XIIe ARRONDISSEMENT
Avenue Daumesnil

CATALOGUE

de la

BIBLIOTHÈQUE MUNICIPALE

DE

Prêt Gratuit à Domicile

PRIX : 0 fr. 50 cent.

PARIS

IMPRIMERIE HEMMERLÉ ET Cie

2, 4 ET 4 BIS, RUE DE DAMIETTE

1911

CATALOGUE

de la

Bibliothèque Municipale

DE

PRÊT GRATUIT A DOMICILE

DE LA MAIRIE DU XIIᵉ ARRONDISSEMENT

Avenue Daumesnil

❧

PARIS
IMPRIMERIE HEMMERLÉ & Cⁱᵉ
2, 4 ET 4 BIS, RUE DE DAMIETTE

—

1911

Divisions du Catalogue

I. — Philosophie, Morale 3

II. — Économie politique et sociale. — Législation.
    — Administration 10

III. — Histoire. 24
    1. Histoire ancienne 24
    2. Histoire de France 25
    3. Histoire de Paris 32
    4. Histoire générale et histoire étrangère. 33
    5. Biographies et Mémoires historiques. . 38

IV. — Géographie, Voyages. 52

V. — Littérature 69
    1. Littérature française; critique littéraire. 69
    2. Littérature étrangère 76
    3. Poésies 78
    4. Théâtre ; critique dramatique 82

VI. — Romans. 94

VII. — Éducation ; enseignement 129

VIII. — Sciences mathématiques. Mécanique 133

IX. — Sciences physiques, chimiques et naturelles. . 136
    1. Sciences physiques et chimiques . . . 136
    2. Sciences naturelles. 137

X. — Agriculture. — Industrie. — Commerce . . . 144

XI. — Sciences médicales. — Hygiène. 154

XII. — Sciences militaires 159

XIII. — Beaux-arts. 161

XIV. — Musique. 165

XV. — Langues étrangères 169

XVI. — Bibliothèque de la jeunesse. 171

BIBLIOTHÈQUE MUNICIPALE

de la Mairie du XIIᵉ Arrondissement

Avenue Daumesnil

—⁓⁓—

CATALOGUE

du prêt à domicile

—⁓—

I. — Philosophie — Morale

4012 **Abd-oul-Béha**, Les Leçons de Saint-Jean
 d'Acre.
4381 **Albert** (Charles). Qu'est-ce que l'Art ?
3697 **Alembert** (d'). Discours préliminaire de
 l'Encyclopédie.
2635 **Amélineau**. Vie de Schnoudi.
3756 **Arbousse-Bastide**. Le Christianisme et
 l'Esprit moderne.
1369 **Barni** (J.). Les Moralistes français au
 xviiiᵉ siècle.
1956 **Bernard** (Fréd.). Vie d'Oberlin.
1620 **Bersot** (E.). Conseils d'enseignement et de
 philosophie.
2195 — Libre philosophie.
1557 — Mesmer et le Magnétisme animal.
2203 **Bersot** (E.). Morale et Politique.
2265 — Etudes et Pensées.
 500 **Bert** (Paul). La Morale des Jésuites.
3894 **Berthelot** (Marcellin). Science et Philosophie.
3670 **Binet** (Alfred). L'Etude expérimentale de
 l'intelligence.
3079 **Bocher**. La Fin de l'Europe.
3076 — L'Univers.
1574 **Bokhâri de Djohore**. La Couronne des
 Rois.
3912 **Bossert** (A.). Calvin.
 950 **Bossuet**. Oraisons funèbres.
1260 — Sermons choisis.
 163 **Bouillier** (Francisque). Histoire de la philosophie cartésienne. 2 vol.
2747 **Boüinais** (Lieutᵗ-colᵉˡ) et **Paulus**. Le Culte
 des morts dans le Céleste-Empire et
 l'Annam.
3790 **Buchner** (Louis). Force et Matière.
 164 **Cagniard**. Discours à Ariste.
1632 **Caro** (E.). Nouvelles Etudes **morales sur**
 le temps présent.

1633 **Caro** (E.). La Philosophie de Gœthe.
1636 **Carrau** (L.). Etudes sur la théorie de l'évolution.
3505 **Carus** (Paul). L'Evangile du Bouddha.
1586 **Chateaubriand.** Le Génie du Christianisme. 2 vol.
3249 **Comte** (Auguste). Lettres à Henry Dix Hutton.
3447 **Conférences** du Musée Guimet. 16 vol.
3916 **Cumont** (Franz). Les Religions orientales dans le paganisme romain.
2865 **Darmesteter** (James). La Légende divine.
539   **Darwin** (Ch.). De l'origine des espèces.
4302 **Dastre** (A.). La Vie et la Mort.
623   **Davaine** (C.). Les Eléments du Bonheur.
482   **Davy** (Sir Humphry). Les Derniers jours d'un Philosophe.
2032 **Demogeot** (Jacques). Notes sur diverses questions de métaphysique et de littérature.
629   **Descartes.** Œuvres.
3584 **Dide** (Aug.). La Fin des Religions.
4241 — Michel Servet et Calvin.
4345 **Dodel** (Arnold). Moïse ou Darwin ?
3726 **Dreyfus-Brisac** (Edmond). La Clef des maximes de la Rochefoucauld.
4101 **Dumas** (Alex. fils). Les Femmes qui tuent et les Femmes qui votent.
2662 **Dumoutier** (G.). Les Symboles, les Emblèmes et les Accessoires du Culte chez les Annamites.
4118 **Duprat** (G.-L.). La Solidarité sociale.
2650 **Dupuis** (J.-B.). Abrégé de l'origine de tous les cultes.
4298 **Emerson.** Pages choisies.
1336 **Erckmann-Chatrian.** Quelques mots sur l'esprit humain.
1552 **Esquiros** (A.). L'Esprit des Anglais.
3332 **Favre** (Louis). La Méthode dans les choses de la vie courante.
3722 **Fédération internationale** de la Libre-Pensée. Congrès de Rome. Compte rendu officiel (20 septembre 1904).
4366 **Fénelon.** Réponse inédite à Bossuet.
2135 **Figuier** (Louis). Histoire du merveilleux dans les temps modernes. 4 vol.
1938 — Le Lendemain de la mort.
227   **Flammarion** (C.). Dans le Ciel et sur la Terre. Tableaux et Harmonies.
3317 **Foveau de Courmelles** (Dr). L'Esprit scientifique contemporain.
1854 **Franck.** Morale pour tous.

2126 **Franklin** (Benjamin). Correspondance.

2003 — Mémoires. 3 vol.

3622 **Gache** (F.). La Philosophie du peuple.

4367 **Gasparin** (Comte Ag. de). Luther et la réforme au XVIᵉ siècle.

3886 **Gaultier** (G.). Le rire et la caricature.

3885 — Le sens de l'Art.

622 **Gavazzi**. (le Père). Sermons.

3096 **Germain** (Sophie). Œuvres philosophiques.

643 **Giraud**. La Bible des travailleurs.

4075 **Goblot** (Edmond). Le Vocabulaire philosophique.

3832 **Grand-Carteret** (John). Contre Rome. La Bataille anticléricale en Europe.

2062 **Gréard** (Octave). De la morale de Plutarque.

4313 **Guyau** (M.). L'Irréligion de l'avenir.

3703 **Haeckel** (E.). Les Énigmes de l'Univers.

4025 — Les Merveilles de la Vie.

3733 — Le Monisme. Profession de foi d'un naturaliste.

3732 — Origine de l'homme.

3953 — Religion et Évolution.

1786 — Système de la nature.

513 **Hovelacque** (Abel). Les débuts de l'humanité. L'homme primitif contemporain.

626 **Janet** (P.). La Famille.

1428 **Joly** (H.). L'Imagination. Étude psychologique.

2163 — Psychologie des grands hommes.

1866 **Jouffroy** (Th.). Cours d'esthétique.

3592 **Jubilé** (Le) du Musée Guimet.

1517 **La Boëtie** (Etienne de). De la Servitude volontaire.

3343 **Laborde** (Dʳ G. V.). Léon Gambetta. Biographie psychologique.

3745 **La Bruyère**. Les Caractères, précédés des « Caractères », de Théophraste.

4338 **Lamarck** (Jean). Philosophie zoologique.

1058 **Lanessan** (J. de). Le Transformisme.

631 **La Rochefoucauld**. Maximes.

4251 **Le Chevalier** (L.) et **Cuminal** (P.). Leçons de science morale.

4299 **Le Dantec** (F.). L'Athéisme.

4300 — Les Influences ancestrales.

165 **Lenoël** (L.). Les Philosophes de l'antiquité.

1504 **Lévêque** (Ch.). Les Harmonies providentielles.

2958 **Lévy-Bruhl**. L'Allemagne depuis Leibniz. Essai sur le développement de la conscience nationale en Allemagne.

3346 **Lévy-Bruhl**. La Philosophie d'Auguste Comte.

3251 **Lubbock** (Sir John). L'emploi de de la vie. 2 vol.

2250 **Mahomet**. Le Koran.

51 **Mallock** (W.-H.). Vivre : La vie en vaut-elle la peine ?

2882 **Marc-Aurèle**. Pensées.

3017 **Martha** (Constant). La délicatesse dans l'art.

2103 — Études morales sur l'antiquité.

1870 — Les Moralistes sous l'Empire romain.

1927 **Martin** (P.-J.). L'Esprit des Espagnols.

1926 — L'Esprit des Italiens.

1476 **Masson** (Michel). Le Dévouement.

2800 **Maureil-Parot** (Elia). Le Devoir de demain.

1381 **Meunier** (Victor). Science et Démocratie. 2 vol.

663 **Mignet**. Vie de Franklin.

2627 **Milloué** (L. de). Catalogue du Musée Guimet.

3447 — Conférences du Musée Guimet. 16 vol.

2607 — Religions de l'Inde.

4120 **Mithouard** (Adrien). Les Pas sur la terre.

1517 **Montaigne**. Essais, suivis de sa Correspondance. 4 vol.

2947 **Montégut** (Émile). Libres opinions morales et historiques.

631 **Montesquieu**. Pensées diverses.

2042 **Morel** (A.). L'Esprit des Orientaux.

2043 — Les Moralistes latins.

3331 **Muller** (Max). Introduction à la philosophie Védanta.

3914 **Naville** (Ed.). La Religion des anciens Égyptiens.

3973 **Notovitch** (O. K.). La liberté de la volonté.

775 **Pascal** (Blaise). Lettres écrites à un provincial.

886 — (Pensées de) suivies d'un choix des pensées de Nicole.

3081 **Passy** (Fr.). Vérités et paradoxes.

648 **Pelletan** (Eugène). La nouvelle Babylone.

159 — Profession de foi du XIXᵉ siècle.

1091 **Perdiguier** (Agricol). Despotisme et liberté.

1443 **Peugeot** (P.). L'Esprit allemand d'après la langue et les proverbes.

3279 **Regnaud** (Paul). Comment naissent les mythes.

889 **Renan** (Ernest). Jésus.

2581 — La Réforme intellectuelle et morale.

3915 **Renel** (Charles). Les Religions de la Gaule avant le Christianisme.

3479 **Reynaud** (Jean). Terre et Ciel.

688 **Richard** (Charles). Origine et Fin des mondes.

624 **Rozan** (Charles). La Bonté.

2101 **Simon** (Jules). Le Devoir.

2552 — La liberté de conscience.

87 — Victor Cousin.

4004 **Sorel** (Georges). Le système historique de Renan.

2454 **Spencer** (Herbert). Essais sur le progrès.

4116 **Spuller** (Eug.). Éducation de la démocratie.

3369 **Strack** (H.-L.). Le sang et la fausse accusation du meurtre rituel.

517 **Stuart Mill** (John). La Liberté.

4438 **Suran** (Th.). Les Esprits directeurs de la pensée française.

2192 **Taine** (H.). De l'Intelligence.

2332 — Les Philosophes classiques du xixe siècle en France.

3623 **Varenne** (Mme L.). Pour l'Ouvrière.

631 **Vauvenargues**. Œuvres choisies.

1864 **Véron** (Eugène). L'Esthétique.

2511 **Voltaire**. Dictionnaire philosophique. 4 vol.

1348 **Wallon** (Jean). Le Clergé 89.

1347 — Emmanuel ou la Discipline de l'Esprit (Étude philosophique).

1350 — Jésus et les Jésuites.

1349 — Un Collège de Jésuites.

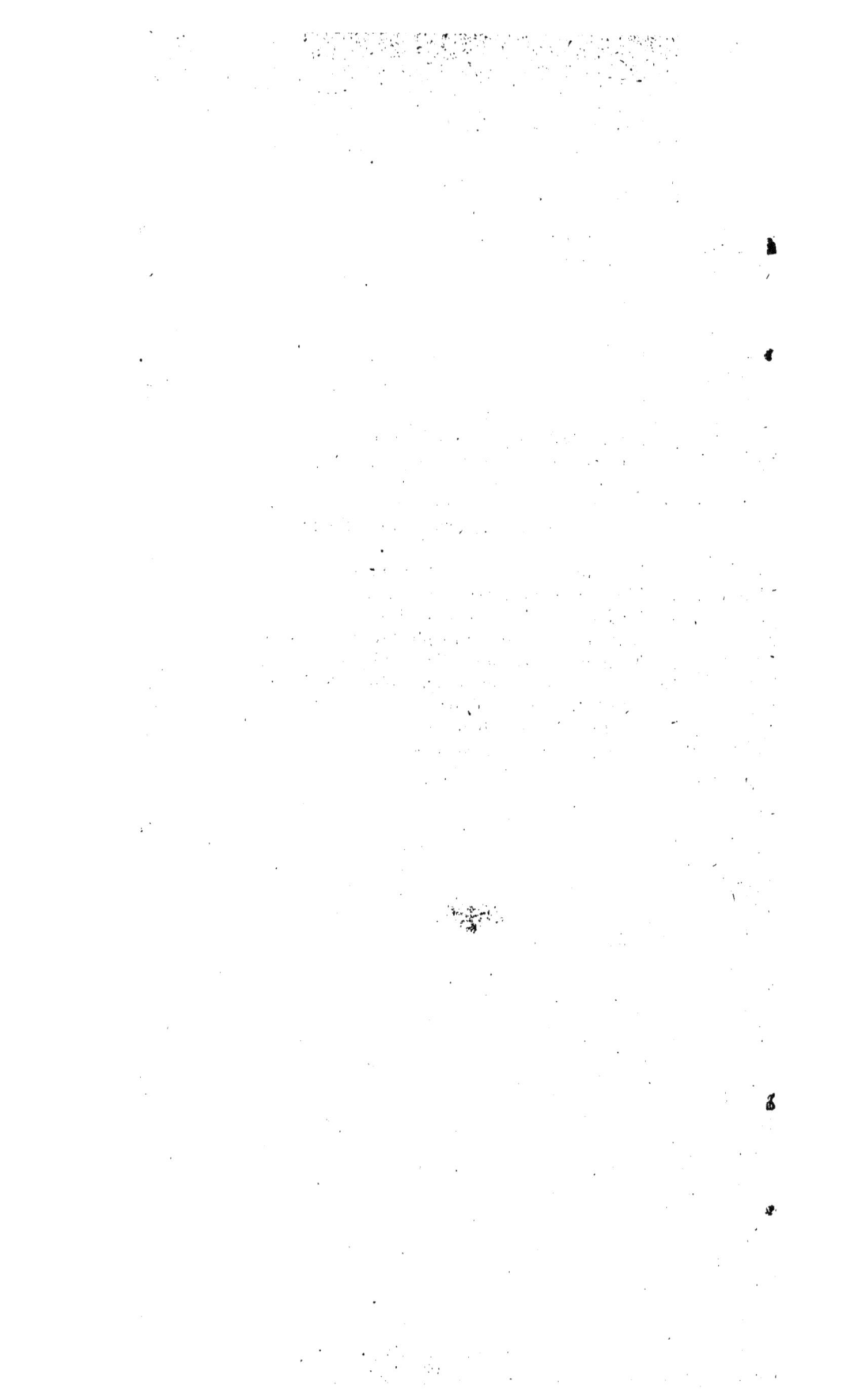

II. — Économie politique et sociale
Législation — Administration

1° ECONOMIE POLITIQUE ET SOCIALE

298 **About** (Edmond). A B C du Travailleur.
313 — Le Progrès.
4238 **André** (Louis). L'Assistance publique de l'enfance.
3537 **Artibal** (Jean). L'Assurance ouvrière à l'étranger.
4246 **Auriac** (Jules d'). La France d'aujourd'hui et la France de demain.
4392 — La grande Nation. La France devant l'Europe.
410 **Babeau** (Albert). Les Artisans et les domestiques d'autrefois.
3372 **Bamberger** (L.). Le métal argent à la fin du xixe siècle.
3602 **Barberet** (J.). Les Sociétés de secours mutuels.
1353 **Barni** (Jules). Histoire des Idées morales et politiques en France au xviiie siècle. 2 vol.
625 **Barrau** (Ch.-H.). Conseils aux ouvriers sur les moyens d'améliorer leur condition.
3580 **Bastiat** (Fréd.). Harmonies économiques.
4250 **Bastien** (P.). Les Carrières coloniales.
3792 **Baudin** (P.). Points de vue français.
3569 — La Poussée.
61 **Baudrillart** (H.). Économie politique et populaire.
3659 **Bentzon** (Th.). Les Américaines chez elles.
3660 **Bérard** (Victor). La Révolte de l'Asie.
3964 **Biard d'Aunet.** L'Aurore australe. (La Société australienne, la constitution australienne).
3080 **Bocher** (A.). La France dans l'avenir ; bases de son organisation future.
3085 — Les Progrès modernes.
3435 **Bonjean** (G.). Enfants révoltés et Parents coupables.
4127 **Bonneff** (Léon et Maurice). La Vie tragique des Travailleurs.
4252 **Bonnet** (Henri). Paris qui souffre.
3049 **Bonniceau-Gesmon.** Domestiques et Maîtres, à propos de quelques crimes récents.

3024 **Bourdeau** (J.). Le Socialisme allemand et le Nihilisme russe.

3595 **Bourguin** (Maurice). Les Systèmes socialistes et l'Évolution économique.

1526 **Brachet** (A.). L'Italie qu'on voit et l'Italie qu'on ne voit pas.

3181 **Bujon** (P.). La peine de mort devant l'histoire et devant la science.

4235 **Byram** (Léo). Petit Jap deviendra grand.

1642 **Carlier** (Auguste). Le Mariage aux Etats-Unis.

3764 **Carnégie** (Andrew). L'A B C de l'argent.

3148 **Castries** (Comte Henri de). L'Islam. Impressions et Etudes.

4329 **Chastin** (J.). Les trusts et les syndicats de producteurs.

2622 **Chautemps** (Emile). Discours de Février à Novembre 1889.

1695 **Cherbuliez** (Victor). L'Espagne politique 1868-1873.

3843 **Cheysson** (E.). Les Caisses d'épargne en France. (Histoire et Législation).

1371 **Clamageran** (J.-J.). La France républicaine.

3052 **Cobden** (R.). Ligue contre les lois-céréales et discours politiques.

3363 **Congrès** des Associations ouvrières de production de France, les 8, 9 et 10 Juillet 1900.

5349 **Congrès** général des Organisations socialistes, tenu à Paris, du 3 au 8 Décembre 1899.

2880 **Corre** (Dr A.). Nos créoles.

409 **Daryl** (Philippe). Le Monde chinois.

3161 **Debury** (R.). Un Pays de célibataires et de fils uniques.

3318 **Desachy** (Paul). La France noire. Etudes politiques et religieuses.

3491 **Des Cilleuls** (Alfred). La Population.

3348 **Deslinières** (Lucien). L'application du système collectiviste.

2914 **Donnat** (Léon). La Politique expérimentale.

3859 **Dubois** (Paul). L'Adaptation sociale des anormaux. Les arriérés.

1647 **Du Mesnil-Marigny.** Catéchisme de l'économie politique.

2009 — Histoire de l'économie politique des anciens peuples. 3 vol.

3802 **Dupont** (Jean). Assureurs américains et assurés français.

4356 — La Criminalité dans l'adolescence.

4118 **Dupont** (Jean). La Solidarité sociale.

1366 **Duvergier de Hauranne** (E.). La Républi
que conservatrice.

3821 **Fagnot** (F.). Le Chômage.

4226 **Fagnot, Millerand et Strohl.** La Durée
légale du travail.

4391 **Failliot** (René). Les Retraites de vieillesse
et la mutualité.

3493 **Fallot** (E.). L'Avenir colonial de la France.

3566 **Farjenel** (F.). Le Peuple chinois, ses
mœurs et ses institutions.

2710 **Ferneuil** (Th.). Les Principes de 1789 et la
science sociale.

4333 **Festy** (O.). Le Mouvement ouvrier au
début de la monarchie de Juillet (1830-
1834).

4121 **Fiaux** (Louis). Un Nouveau régime des
mœurs.

4243 **Florent-Matter.** L'Alsace-Lorraine de nos
jours.

2314 **Fouillée** (A.). La Science sociale contemporaine.

3160 **Fournier de Flaix.** Pendant une mission
en Russie.

3390 **Fournière** (E.). L'Idéalisme social.

2156 **Fraisse** (E.-A.). Notes.

2636 **Franklin** (Alf.). Comment on devenait
patron. (La vie privée d'autrefois).

3093 — La Vie privée d'autrefois. L'Enfant.

1895 — Essais de morale et d'économie politique.

4032 **Galtier** (Octave). Etienne Dolet, vie, œuvres, caractère, croyances.

2157 **Gambetta** (Léon). Discours et plaidoyers
choisis.

3089 **Geffroy** (Gustave). L'Enfermé.

204 **Gendre** (Barbe). (Mme Nikitine). Etudes
sociales, philosophiques et morales.

3878 **Gonnard** (R.). L'Emigration européenne
au xixe siècle.

139 **Gourdault** (Jules). La Femme dans tous
les pays.

2458 **Grad** (Charles). Le Peuple allemand, ses
forces et ses ressources.

488 **Grand Monde à Londres** (Le). par un diplomate étranger.

814 **Grenville-Murray** (E.-E.). Les Russes chez
les Russes.

4239 **Grigaut** (M.). Pour l'expansion française.

4378 **Guimbaud** (L.). Un grand bourgeois au
xviiie siècle (Auguet de Montyon).

771 **Guizot**. Histoire de la civilisation en Europe depuis la chute de l'Empire Romain jusqu'à la Révolution Française.

3434 **Hanotaux** (G.). L'Energie française.

2730 **Heimveh** (Jean). La Question d'Alsace.

1361 **Hillebrand** (K.). La Prusse contemporaine et ses institutions.

4245 **Hirsch** (P.-A.). La Situation économique de la France et la transformation sociale.

4123 **Hubert** (Lucien). L'Eveil d'un monde : l'œuvre de France en Afrique occidentale.

485 **Karcher** (Th.). Etudes sur les institutions politiques sociales de l'Angleterre.

2017 **Lacroix** (J.-A.). Du rétablissement des tours.

4336 **Lafont** (Emile). La Politique religieuse de la Révolution française.

3207 **Lanessan** (J.-L. de). Principes de colonisation.

1339 **Larocque** (Jean). L'Angleterre et le peuple anglais.

1948 **Laugel** (Auguste). L'Angleterre politique et sociale.

1388 — La France politique et sociale.

461 **Lavollée** (R.). Les Classes ouvrières en Suisse.

3977 **Le Goffic** (Ch.). Sur la Côte.

2700 **Le Mansois-Duprey**. L'Œuvre sociale de la municipalité parisienne.

644 **Le Rousseau** (Julien). La Prospérité de l'Etat et la stabilité des pouvoirs.

3963 **Lesage** (Ch.). L'Invasion anglaise en Egypte. L'achat des actions de Suez. (Novembre 1875).

499 **Lestrelin** (A.). Les Paysans russes.

647 **L'Etang** (E.-A. de). L'Ouvrière et ses Enfants.

1896 **Létourneau** (Dr Ch.). La Sociologie d'après l'Ethnographie.

649 **Léüs** (Marcelin). La Russie devant la civilisation.

2698 **Leverdays** (E.). Nouvelle organisation de la République.

3982 **Loth** (Gaston). La Tunisie et l'Œuvre du protectorat français.

3606 **Louis** (Paul). Les Etapes du socialisme.

3911 — Histoire du mouvement syndical en France.

3598 — L'Ouvrier devant l'Etat.

640 **Machiavel**. Le Prince.

939 **Mackenzie-Wallace** (D.). La Russie. Le pays, les institutions, les mœurs.

3051 **Malthus** (T.-R.). Essai sur le principe de population.

3335 **Massonneau** (A.-H.). Devant l'Echafaud.

2234 **Matrat** (P.). L'Avenir de l'Ouvrier. Travail et prévoyance. Exposé des moyens de se garantir de la misère.

883 **Maurice** (Fernand). La Réforme agraire et la misère en France.

1523 **Mazaroz** (J.-P.). Les cabales et conspirations de la politique et des politiciens.

2732 **Metchnikoff** (L.). La Civilisation et les grands fleuves historiques.

3107 **Mimande** (Paul). Criminopolis.

3707 **Ministère du Commerce.** Rapport sur l'apprentissage dans les industries et l'ameublement.

3981 **Ministère du Travail.** (Office du Travail). Enquête sur le travail à domicile dans l'industrie de la lingerie.

2762 **Modeste** (Victor). Ceci est mon testament.

2759 — Du Paupérisme en France.

2757 — Lettres du Pape Léon XIII à propos de son encyclique sur la question sociale.

2756 — Le Prêt à intérêt, dernière forme de l'esclavage.

2766 — La Vie. Etude d'économie politique.

3145 **Molinari** (G. de). La Viriculture.

2596 **Montagu** (A.). Manuel politique du citoyen français.

554 **Montesquieu.** Esprit des Lois.

3192 **Montheuil** (A.). La Charité privée à l'étranger.

406 **Moore** (George). Terre d'Irlande.

3970 **Morel** (Pierre). La Police à Paris.

2670 **Nigon de Berty.** Histoire abrégée de la liberté individuelle.

924 **Noël** (Oct.). Autour du foyer. Causeries économiques et morales.

3760 **Notovitch** (Nicolas). Etude historique et politique. La Russie et l'Alliance anglaise.

3983 **Pagnien** (Dr J.-E.). La Pharmacie dans ses rapports avec les institutions d'assistance.

2812 **Parlon** (Léon). De l'ingérence du Clergé dans la politique.

1964 **Passy** (Frédéric). Les Machines et leur influence sur le développement de l'humanité.

2790 **Paulian** (Louis). Paris qui mendie.

1901 **Pécaut** (Félix). Deux mois de mission en Italie.

3648 **Pelloutier** (Fernand et Maurice). La vie ouvrière en France.

3839 **Pérès** (G.). L'Action humaine et sa responsabilité directe.

4225 **Perreau et Fagnot**. Le Contrat de travail.

2803 **Perrens** (F.-T.). La Civilisation florentine du XIIIᵉ au XVIᵉ siècle.

3554 **Poinsard** (Léon). Vers la Ruine.

3967 **Poinsot** (M.-C.). Littérature sociale.

501 **Prat** (J.-G.). La Constitution de 1793.

3338 **Proudhon** (P.-J.). Abrégé des œuvres de P.-J. Proudhon.

28 **Rambaud** (Alf.). Histoire de la civilisation contemporaine en France.

483 **Rapet** (J.-J.). Manuel de morale d'économie politique.

4248 **Razous** (Mᵐᵉ J.-P.). Le Devoir social des patrons et les obligations morales des ouvriers et employés.

3985 **Rébeillard**. Les Enfants assistés. Historique. Réglementation.

3965 **Renard** (Georges). Le Socialisme à l'œuvre.

3490 **Rivière** (Louis). Mendiants et Vagabonds.

3737 **Roosevelt** (Th.). La vie intense.

3583 **Roz** (Firmin). Sous la couronne d'Angleterre.

3968 **Sabatier** (C.). Collections des Doctrines politiques. Le Morcellisme.

3327 **Sadoul** (V.). Le parti socialiste, sa force, son avenir.

3561 **Saint-Jouan**. Un Anarchiste au régiment.

3923 **Saint-Maurice** (Comte de). La Fortune publique et privée au Japon.

641 **Sauriac** (Xavier). Un Système d'organisation sociale.

157 **Sauvage** (René). Garanties sociales.

664 **Say** (Léon). Turgot.

1587 **Sée** (Camille). Documents, rapports et discours relatifs à la loi de l'enseignement secondaire des jeunes filles.

2816 **Seignobos** (Ch.). Histoire de la civilisation.

3273 **Seilhac** (Léon de). Les Congrès ouvriers en France de 1876 à 1897.

3548 — Les Grèves.

3469 — Syndicats ouvriers, Fédérations, Bourses du travail.

3883 **Seillière** (E.). Etudes sur Ferdinand Lassalle.

3861 **Séménoff** (E.). Une Page de la contre-révolution russe. Les Pogromes.

3195 **Sénart** (Em.). Les Castes dans l'Inde. Les faits et le système.

2464 **Siebecker** (Ed.). Les Enfants malheureux.

160 **Simon** (Jules). Le Libre-Echange.

634 — L'Ouvrier de huit ans.

2116 — L'Ouvrière.

635 — Le Travail.

812 **Société russe** (La).

4409 **Spencer** (Herbert). Introduction à la science sociale.

4116 **Spuller** (Eug.). Education de la démocratie.

2615 **Stern** (Daniel). Florence et Turin. Etudes d'art et de politique (1857-1861).

3095 **Strauss** (Paul). L'Enfance malheureuse.

3053 **Sully.** Economies royales.

2123 **Taine.** Notes sur l'Angleterre.

4237 **Taudière.** Les Enfants nés hors mariage.

73 **Tcheng-Ki-Tong.** Les Chinois peints par eux-mêmes.

38 **Texier** (Edmond). Lettres sur l'Angleterre. Souvenirs de l'Exposition Universelle.

4380 **Thomas** (Albert). Histoire anecdotique du travail.

3042 **Tissot** (Victor). La Société et les mœurs allemandes.

3788 **Turot** (H.) et **Bellamy** (H.). Le surpeuplement et les habitations à bon marché.

4369 **Vallette** (Ch.). et **Jacob** (Léon). Les Retraites ouvrières.

4247 **Valran** (G.). Préjugés d'autrefois et carrières d'aujourd'hui.

3339 **Vigouroux** (L.). La Concentration des forces ouvrières dans l'Amérique du Nord.

578 **Villard** (Th.). Notes sur l'organisation du travail en France.

2506 **Voltaire.** Essais sur les mœurs et l'esprit des nations.

3220 **Whitmann** (Sidney). Le Pays du Cant. Le Cant dans la vie sociale anglaise.

3037 **Witt** (Mesdames de). La Vie des deux côtés de l'Atlantique : Autrefois et Aujourd'hui.

511 **Young** (Arthur). Voyages en France pendant les années 1787, 1788, 1789. 2 vol.

512 — Voyages en Italie et en Espagne pendant les années 1787-1789.

2° LEGISLATION. DROIT. ADMINISTRATION

435 **Acollas** (Ém.). Les Contrats et les Obligations contractuelles.

4228 **Alftalion**. La conciliation dans les conflits collectifs.

4238 **André** (Louis). L'Assistance publique de l'enfance.

3618 **André** (Louis) et **Guibourg** (L.). Le Code du travail annoté.

3336 **Antoine** (A.). Manuel pratique des contribuables en matière d'impôts directs.

4232 **Association** (l') internationale pour la protection légale des travailleurs.

4230 **Association** (l') internationale pour la protection légale des travailleurs.

1357 **Bagehot** (W.). La Constitution anglaise.

4250 **Bastien** (P.). Les Carrières coloniales.

4077 **Bégis** (P.). La pratique des affaires.

3565 **Beurdeley** (P.) et **Benâtre** (Ed.). Nouveau manuel électoral.

4229 **Boissard**. La Loi du 7 Mars 1850 et le mesurage du travail à la tâche.

3841 **Boistel**. Manuel pratique pour l'application de la loi sur le repos hebdomadaire.

3813 **Bonde** (Amédée). Le Domaine des Hospices de Paris depuis la Révolution jusqu'à la troisième République.

3600 **Bonnefoy** (Gaston). Les Accidents du travail.

3974 — Le Repos hebdomadaire.

3134 **Bozon** (J.). La législation de l'enfance (1789-1894).

3882 **Bréjean** (J.). et **Humblot** (J.). Les Mairies de Paris. Organisation. Attribution. Fonctionnement.

638 **Briquet** (P.). Manuel de l'instituteur.

3958 **Cameau** (Paul). Assistance obligatoire aux vieillards, infirmes, incurables, privés de ressources.

2808 **Campagnole** (Edouard). L'Assistance médicale gratuite.

430 **Carré** (N.-A.). Nos petits procès. Notes sur le droit familier.

3601 **Catalogue** de la Bibliothèque administrative de la Ville de Paris (section française). (Préfecture de la Seine).

2794 **Chantagrel** (J.). Précis d'instruction civique et d'administration communale.

2807 **Chrétien** (Eug.): La taxe militaire.

2667 **Coqueugniot**. L'Avocat des Propriétaires et Locataires.

2669 **Cunisset-Carnot.** L'Avocat de tout le monde. Guide pratique de législation usuelle.

683 **Delaporte** (Henry). Guide pratique des actes de l'Etat civil.

3147 **Destruels** (E.). Traité pratique de législation anglaise sur les Sociétés anonymes « Limited ».

2064 **Documents** relatifs aux eaux de Paris

2795 **Dubucquoy** (A.). Manuel pratique des Sociétés scolaires de secours mutuels et de retraites.

4226 **Fagnot, Millerand et Strohl.** La durée légale du travail.

3596 **Feugère** (Ed.). L'Octroi de Paris. Histoire et législation.

4121 **Fiaux** (Louis). Un nouveau régime des mœurs.

4375 **Gautrez** (Dr E.). L'Insalubrité publique et l'expropriation.

1384 **Gladstone** (W.-E.). Questions constitutionnelles.

2679 **Grélot** (Félix). Loi du 5 Avril 1884 sur l'organisation municipale, commentée et annotée.

3574 **Grumbach** (J.). Les Associations et les Cercles, depuis la loi du 1er Juillet 1901.

2233 **Guichard** (Victor). Conférences sur le Code civil.

2618 **Guignard** (Alf.). De la suppression des octrois et de leur remplacement.

3382 **Guillot** (P.). Commentaire de la loi du 9 Avril 1898 et des décrets-règlements concernant la responsabilité des accidents dont les ouvriers sont victimes.

3949 **Hamon** (G.). Le risque commercial et le nouveau mode de garantie des accidents du travail.

4368 **Huot** (Fred). La commune et les cultes.

3709 **Jouanne** (E.). La loi militaire du 21 Mars 1905.

553 **Jourdan** (Gustave). La justice criminelle en France.

2587 — Législation sur les logements insalubres.

3987 **Lebrun** (H.-R.). Manuel de police judiciaire.

2626 **Lechopié** (Alf.). et Dr **Floquet.** Droit médical ou code du médecin.

3860 **L'Hermite** (G.). et **Maria Vérone.** La séparation et ses conséquences.

3754 **Louis** (Paul). Les lois ouvrières dans les deux mondes.

3510 **Manuel** de l'Administrateur du bureau de bienfaisance.

3371 **Marcel Juillet Saint-Lager.** Elections municipales. Jurisprudence du Conseil d'Etat.

2665 et 3333 **Martin** (Louis). Précis élémentaire du Droit constitutionnel.

3406 **Massat** (Paul). Manuel de la législation administrative spéciale à la Ville de Paris et au département de la Seine.

2668 **Maugras** (A.). L'Avocat de la famille.

3533 **Maladies** professionnelles : Etude technique sur leur assimilation aux accidents du travail.

4405 **Michel** (Henri). Eléments et notions pratiques de droit.

2631 **Miscopein** (A.). Naissances, mariages et décès. Formalités qu'ils occasionnent. Droits qu'ils confèrent. Devoirs qu'ils imposent.

3272 **Montheuil** (Albert). L'Assistance publique à l'étranger.

2259 **Montillot** (J.). Leçons d'instruction civique et de droit administratif.

3970 **Morel** (Pierre). La Police à Paris.

3751 **Nonus** (A.). La vie municipale.

4225 **Perreau** et **Fagnot.** Le Contrat de travail.

4227 **Perreau** et **Groussier.** Le Contrat de travail et le Code civil.

3530 **Piques** (C.). Les Carrières administratives dans les colonies françaises et les pays de protectorat.

3291 **Pradier-Fodéré.** Précis de droit administratif.

3918 **Protection** (La) légale des travailleurs.

3442 **Rault** (J.). et **Phélipot** (H.). Petit manuel de police à l'usage des gardiens de la paix de la Ville de Paris.

4377 **Raux** (Marcel). Le régime administratif et juridique de la pêche fluviale.

3985 **Rebeillard** (E.). Les Enfants assistés. Historique. Réglementation.

3342 **Recueil** des lois ouvrières, édité par l'union des Syndicats du département de la Seine.

2763 **Résumé** des travaux législatifs de la Chambre des Députés pendant la cinquième législature (1889-1893).

3990 **Robiquet** (P.). Histoire et Droit.

3617 **Rubat du Mérac** (H.). Le nouveau régime des pompes funèbres.

4003 **Sacher** (G.). Le régime nouveau des accidents du travail.

3345 **Serre** (Edouard). Les Accidents du travail. Commentaire de la loi du 9 Avril 1898.

46 **Souviron** (A.). Manuel des conseillers municipaux.

3383 **Strauss** (Ch.). Code manuel des conseils de prud'hommes et de leurs justiciables.

3461 **Strauss** (P.). et **Fillassier** (A.). Loi sur la protection de la santé publique (15 Fév. 1902).

3619 **Tardit** (M.). et **Ripert** (A.). Traité des Octrois municipaux.

4237 **Taudière** (H.). Les Enfants nés hors mariage.

3746 **Troimaux** (Edgar). Les Procès célèbres de l'année 1904-1905.

3996 — Les Procès célèbres de l'année judiciaire 1905-1906.

4309 **Vallette** (Ch.). et **Jacob** (Léon). Les Retraites ouvrières.

3546 **Willoughby** (W.-F.). Essais sur la législation ouvrière aux Etats-Unis.

3252 **Wuarin** (S.). Le Contribuable, ou comment défendre sa bourse.

3708 **Zadoks** (Simon). De l'urgence des réformes dans le régime fiscal des valeurs mobilières.

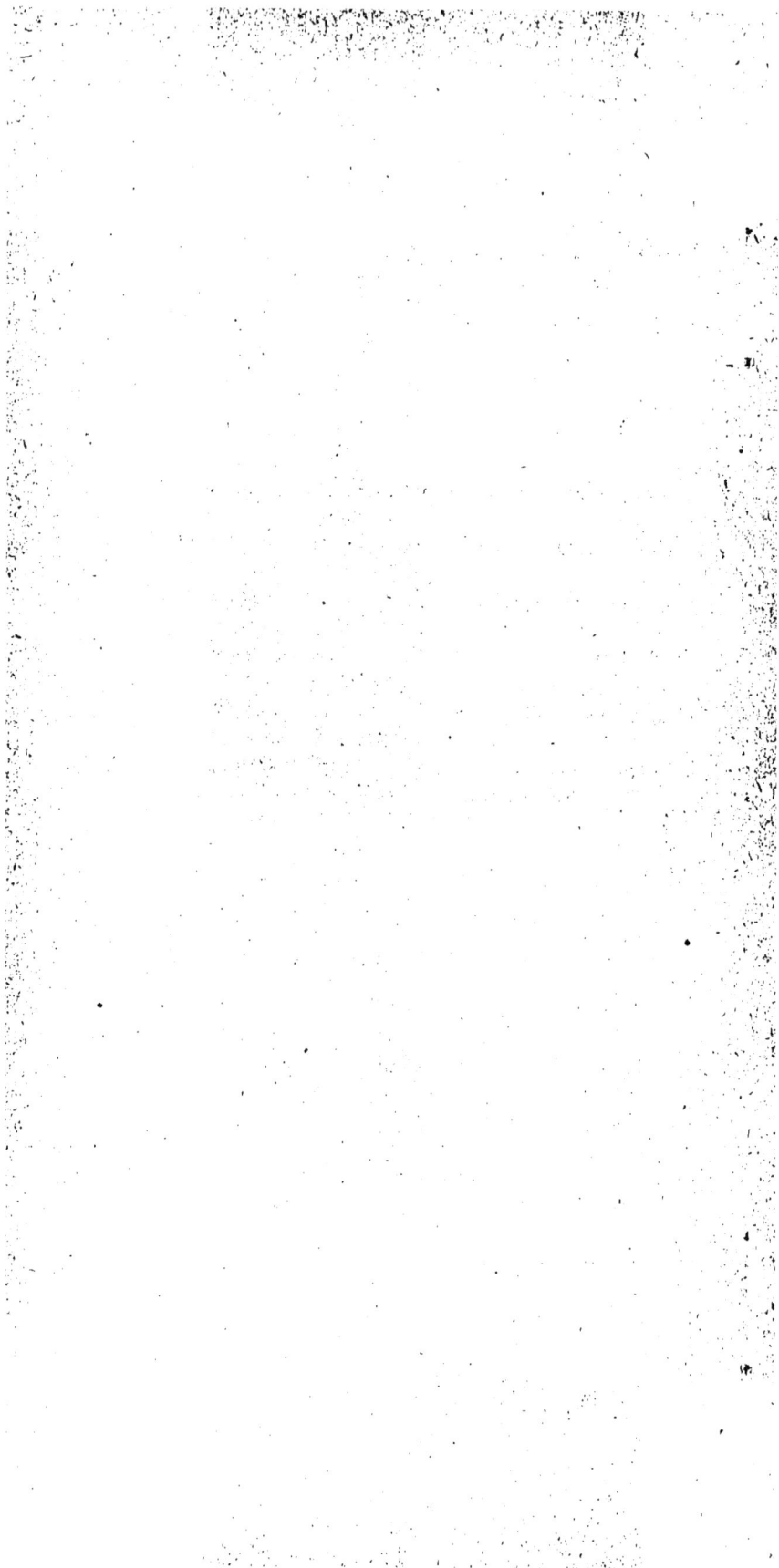

III. — Histoire

1º HISTOIRE ANCIENNE

2718 **Augé de Lassus** (L'). Le Forum.

1729 **Barthélemy** (Abbé). Voyage du jeune Anacharsis en Grèce dans le milieu du IVᵉ siècle avant l'ère vulgaire. 3 vol.

1761 **Bastide** (Jules). Luttes religieuses des premiers siècles.

1941 **Boissier** (Gaston). Cicéron et ses amis. Etude sur la société romaine du temps de César.

2151 — Promenades archéologiques. Rome et Pompéi.

2000 **Boissière** (Gustave). L'Algérie romaine.

4314 **Champollion-le-Jeune.** Lettres d'Egypte et de Syrie (1828-1829).

608 **Crevier.** Abrégé de l'histoire des Empereurs romains.

1684 **Duruy** (Victor). Histoire grecque.

267 — Histoire romaine.

2078 **Fustel de Coulanges.** La Cité antique.

3188 **Guiraud** (Paul). La vie privée et la vie publique des Grecs.

503 **Hérodote.** Histoire.

2348 **Maspéro** (G.). Histoire ancienne des peuples de l'Orient.

747 **Menant** (Joachim). Ninive et Babylone.

2641 **Milloué** (L. de). Petit guide illustré au Musée Guimet.

1970 **Monnier** (Marc). Pompéi et les Pompéiens.

271 **Montesquieu.** Considérations sur les causes de la grandeur des Romains et de leur décadence.

2787 **Ott** (A.). L'Asie occidentale et l'Egypte.

594 — L'Inde et la Chine.

914 **Pellisson** (M.). Les Romains au temps de Pline le Jeune.

269 **Quinte-Curce.** Œuvres complètes.

2419 **Reinach** (Théodore). Histoire des Israélites.

268 **Salluste.** Œuvres complètes.

2648 **Sayce** (A.-H.). Les Hétéens. Histoire d'un empire oublié.

4273 **Schuré** (Edouard). Sanctuaires d'Orient.

3118 **Thomas** (Emile). L'envers de la société romaine d'après Pétrone.

274 **Thucydide.** Histoire de la guerre du Péloponèse.

3109 **Vernes** (Maurice). Précis d'histoire juive depuis les origines jusqu'à l'époque persane.

2366 **Wilkins** (A.). L'antiquité romaine.

2° HISTOIRE DE FRANCE

A. *Jusqu'à 1789.*

205 **Anquez** (L.). Henri IV et l'Allemagne d'après les mémoires et la correspondance de Jacques Bongars.

3356 **Ariste** (Louis) et **Braud** (L.). Histoire populaire de Toulouse.

241 **Barrau** (Th.-H.). La Patrie. Description et histoire de la France.

3888 **Batiffol** (L.). La vie intime d'une reine de France au XVIIᵉ siècle.

4231 **Bertrand** (Alph.). Versailles. Ce qu'il fut, ce qu'il est, ce qu'il devait être.

256 **Bessé** (Henri de). Relation des campagnes de Rocroi et de Fribourg.

561 **Bonnemère** (Eug.). Histoire des Guerres de religion.

2815 **Boudin** (David). Page d'histoire du moyen âge suivie de faits datant de la Renaissance et des siècles suivants en ce qui touche la Bourgogne.

585 **Buchez** (P.-J.-B.). Histoire de la formation de la nationalité française.

3135 **Cabanès** (Dʳ). Le Cabinet secret de l'histoire. 3 vol.

3478 — Les morts mystérieuses de l'histoire.

2352 **Canivet** (Ch.). Les colonies perdues.

1727 **César.** Commentaires de, suivis du précis des guerres de Jules César, par Napoléon.

1771 **Challamel** (Augustin). Mémoires du peuple français. 8 vol.

4310 **Champion** (Edme). Vue générale de l'Histoire de France.

497 **Chassin** (Ch.-L.). L'Eglise et les derniers serfs.

1914 **Chéruel** (A.). Dictionnaire historique des institutions, mœurs et coutumes de la France. 2 vol.

3656 **Coynard** (Ch. de). Les malheurs d'une grande dame sous Louis XIV.

3472 **Daly** (A.). La France militaire illustrée.

2982 **Decrue de Stoutz** (Francis). La Cour de France et la société au XVIᵉ siècle.

407 **Desprez** (Adrien). La politique féminine, de Marie de Médicis à Marie-Antoinette (1610-1792).

589 **Doneaud** (A.). Histoire de la marine française.

1539 **Du Camp** (Maxime). Histoire et critique.

1198 **Dumas** (Alexandre). Gaule et France.

3836 **Dumoulin** (Maurice). Figures du temps passé.

1974 **Duruy** (Victor). Introduction générale à l'Histoire de France.

3177 **Etiévant** (Alf.). La monarchie française. Introduction à l'Histoire de la Révolution.

588 **Fillias** (Achille). L'Algérie ancienne et nouvelle.

3488 **Forest** (Alf.). Histoire d'un Jubilé.

3942 **Franklin** (Alf.). Les rois et les gouvernements de la France.

270 **Fustel de Coulanges.** La monarchie franque.

2775 **Gabourd** (Amédée). Histoire de France. 8 vol.

3171 **Gautier** (Alph.). Etudes sur la liste civile en France.

2117 **Giraud** (Ch.). Le Maréchal de Villars et son temps.

1969 **Goepp** (Ed.). et **Ducoudray** (G.). Le patriotisme en France.

3589 **Gravier** (Henri). La colonisation à la Louisiane à l'époque de Law (1717-1721).

2057 **Guizot.** Edouard III et les Bourgeois de Calais.

3851 **Hardy de Périni.** Bayard (1495-1524).

3855 **Hardy** (E.). Les Français en Italie, de 1494 à 1559.

3852 **Hardy de Périni.** Les Guerres de religion de 1562 à 1594.

3413 **Haucour** (L. d'). Conspiration de Cinq-Mars.

3591 — Jeunes héros et grandes héroïnes.

3590 — Pages d'héroïsme.

676 **Hauréau** (B.). Charlemagne et sa cour (742-814).

3065 **Imbert de Saint-Amand.** Les beaux jours de Marie-Antoinette.

2971 — La Cour de Louis XV.

2122 **Jurien de la Gravière** (Vice-amiral Edmond). La marine d'aujourd'hui.

545 **Lachanal.** Notes d'un chercheur sur l'Alésia de Vercingétorix, décrite par César.

1501 **Lacombe** (Paul). Le Patriotisme.

2309 **Lacombe** (Paul). Petite histoire du peuple français.

2690 **Laumonier** (J.). La Nationalité française.

3541 **Laut** (Ernest). Les villes décorées.

1424 **Lavallée** (Théophile). Histoire des Français, depuis le temps des Gaulois jusqu'à nos jours. 6 vol.

3329 **Lemire** (Ch.). Jeanne d'Arc et le sentiment national.

3793 **L'Estoile** (P. de). Extraits du journal.

4373 **Lorédan** (J.). La grande misère et les voleurs au xviie siècle.

2716 **Luce** (Siméon). La France pendant la guerre de Cent ans.

420 — Jeanne d'Arc à Domrémy.

3743 **Luchaire** (Achille). Innocent III et la croisade des Albigeois.

2382 **Magnier** (Edmond). Histoire d'une commune de France (Boulogne-sur-Mer), au xviiie siècle.

3587 **Martin de Condé** (H.). L'enseignement civique par l'histoire.

2247 **Meyrac** (Albert). Histoire de la guerre de Cent ans (1338-1450).

1920 **Mézières** (A.). En France, xviiie et xixe siècles.

1344 **Michelet** (J.). Histoire de France. 19 vol.

2109 — Jeanne d'Arc (1412-1432).

675 — Louis XI et Charles le Téméraire.

1037 **Monprofit** (O.). Le coup d'État. Histoire et Théorie.

2805 **Muller** (Elisabeth). Plaisir et Savoir. Huit jours au Musée de Versailles.

2350 **Pauliat** (Louis). Madagascar.

68 — Madagascar sous Louis XIV et la Compagnie des Indes orientales en 1664.

1352 **Pelletan** (Eug.). Décadence de la monarchie.

3281 **Peytraud** (Lucien). L'esclavage aux Antilles françaises avant 1789.

4451 **Rambaud** (Alf.). Histoire de la civilisation française.

3067 **Renée** (Amédée). Louis XVI et sa cour.

4048 **Roca** (Émile). Le règne de Richelieu (1617-1642).

1955 **Saint-Simon** (Duc de). Le Régent et la cour de France sous la minorité de Louis XV.

3176 **Trébuchet** (L.). Un compagnon de Jeanne d'Arc : Arthur III, comte de Richemont.

4033 **Tuetey** (Louis). Les officiers sous l'ancien régime, nobles et roturiers.

3761 **Vallat** (Gust.). La France d'Autrefois et la France d'Aujourd'hui.

2507 **Voltaire.** Siècle de Louis XIV.

1083 — Siècle de Louis XIV.

289 — Siècle de Louis XV.

2508 — Précis du siècle de Louis XV. Histoire du Parlement de Paris.

3072 **Witt** (Mme de). Histoires de l'ancien temps.

B. De 1789 à nos jours.

3431 **Armelin** (Gaston). Le Livre d'or de 1870.

3658 **Aulard** (A.). Etudes et leçons sur la Révolution française. 4 vol.

2288 **Barbou** (Alfred). Les Généraux de la République.

2771 **Bastard** (G.). Armée de Châlons. Charges héroïques.

2766 — Armée de Châlons. Défense de Bazeilles suivie de « Dix ans après au Tonkin ».

2772 — Armée de Châlons. Sanglants combats.

2773 — Armée de Châlons. Un jour de bataille.

3518 — Le général Mellinet en Afrique (1798-1843).

518 **Baude de Maurceley.** Le commandant Rivière et l'expédition du Tonkin.

2981 **Bertin** (Eug.). La Société du Consulat et de l'Empire.

759 **Bilan de l'année 1868** (Le). (Divers).

3401 **Bitteau** (J.). Strasbourg. L'armée de la Loire. L'armée de l'Est. (Souvenirs d'un télégraphiste).

599 **Blache** (Noël). Histoire de l'insurrection du Var en Décembre 1851.

1390 **Blanc** (Louis). Histoire de Dix ans (1830-1840). 5 vol.

3971 **Bonnal** (Ed.). Les Royalistes contre l'armée (1815-1820). 2 vol.

2231 **Bonnefoy** (Marc). Avènement des temps nouveaux. La Révolution, du 5 Mai 1789 au 10 Thermidor.

3174 **Bouchot** (H.). La toilette à la cour de Napoléon Ier.

3829 **Cardon** (G.). Lectures sur l'histoire contemporaine (1789-1900).

1354 **Carlyle** (Th.). Histoire de la Révolution française. 3 vol.

2379 **Charbonnier** (Joseph). Souvenirs de l'invasion. L'Alsace en 1872. La Marseillaise.

3475 **Cisternes** (Raoul de). La campagne de Minorque.

3506 **Dalsème** (A.-J.). Le siège de Bitche, 6 août 1870—27 mars 1871.

2995 **Darimon** (Alf.). Les Cent-Seize et le ministère du 2 Janvier (1869-1870).

2993 — Histoire de 12 ans (1857-1869). Notes et souvenirs.

3031 — Histoire d'un parti. Les Cinq sous l'Empire (1857-1860).

2550 — Notes pour servir à l'histoire de la guerre de 1870.

3047 — Le Tiers-Parti sous l'Empire (1863-1866).

1653 **Daudet** (Ernest). Histoire des conspirations royalistes du Midi sous la Révolution (1790-1793).

4387 **Defrance** (Eug.). Charlotte Corday et la mort de Marat.

3183 **Delabrousse** (L.). Valentin et les derniers jours du siège de Strasbourg.

4385 **Delahache** (G.). Alsace-Lorraine. La carte au liseré vert.

3991 **Déroulède** (Paul). 1870. Feuilles de route.

3992 — 70-71. Nouvelles feuilles de route.

2168 **Desmoulins** (Camille). Œuvres de Camille Desmoulins. 2 vol.

4374 **Despatys** (Baron). La Révolution, la Terreur, la Directoire.

1370 **Despois** (Eug.). Le Vandalisme révolutionnaire.

2910 **Du Camp** (Maxime). L'attentat Fieschi.

3412 **Ducoudray** (G.). Histoire contemporaine.

4389 **Duquet** (Alf.). Fræschwiller.

115 **Dussieux** (L.). Histoire générale de la guerre 1870-1871. 2 vol.

2196 **Duvergier de Hauranne** (Mme). Histoire populaire de la Révolution française.

4030 **Fain** (Baron). Mémoires du baron Fain.

3741 **Faverot de Kerbrech.** La guerre contre l'Allemagne (1870-1871).

3473 **Gachot** (Edouard). Histoire militaire de Masséna. La première campagne d'Italie.

4129 — Le siège de Gênes (1800).

2225 **Gaffarel** (Paul). Les campagnes de la première République.

3246 **Gallet** (Louis). Guerre et Commune.

4337 **Gay** (Ernest). La guerre en province. Campagnes de la Loire et du Mans.

4130 **Grandmaison** (Geoffroy de). L'Espagne et Napoléon (1804-1809).

3997 **Glachant** (Victor). Benjamin Constant sous l'œil du guet.

726 **Gros** (Jules). La conquête du Tonkin par 27 Français commandés par Jean Dupuis.

603 **Grousset** (Paschal). La conspiration du général Malet.

3260 **Guillon** (E.). La France et l'Irlande pendant la Révolution. Hoche et Humbert.

3430 — Les guerres d'Espagne sous Napoléon.

3000 **Hanotaux** (G.). L'affaire de Madagascar.

3366 **Histoire** anecdotique du second Empire, par un ancien fonctionnaire.

3019 **Houssaye** (Henri). 1814.

3036 — 1815, 3 vol.

3440 **Hugo** (Victor). Histoire d'un Crime. 2 vol.

319 — Napoléon le Petit.

4368 **Huot** (Fred). La Commune et les Cultes.

1346 **Iung** (Th.). Bonaparte et son temps (1769-1799). 3 vol.

2305 **Jurien de la Gravière** (Vice-Amiral Edmond). Guerres maritimes sous la République et l'Empire. 2 vol.

2786 **Kleine** (M.). Récits d'histoire contemporaine.

3872 **Lacroix** (D.). Guerre des Vendées (1792-1800).

4336 **Lafont** (Emile). La politique religieuse de la Révolution française.

3477 **La Garde-Chambonas.** Souvenirs du Congrès de Vienne (1814-1815).

3467 **Ledeuil.** Campagne des Francs-tireurs de Paris-Châteaudun.

3039 **Lejeune** (Général baron). Sièges de Saragosse.

4422 **Lenotre** (G.). Le Drame de Varennes.

4423 — La Guillotine.

4425 — Tournebut (1804-1809).

4308 — Le Tribunal révolutionnaire (1793-1795).

597 **Lock** (Fr.). Histoire de la Restauration (1814-1830).

2549 **Lonlay** (Dick de). L'Amiral Courbet et le « Bayard ».

2541 — Les combats du général de Négrier au Tonkin.

2535 — Le siège de Tuyen-Quan.

4108 **Lussan** (colonel). Souvenirs du Mexique.

3721 **Marcère** (M. de). L'Assemblée nationale de 1871. Gouvernement de M. Thiers.

1791 **Marco-Saint-Hilaire** (E.). Anecdotes du temps de Napoléon Ier.

1345 **Michelet** (J.). Histoire de la Révolution française. 9 vol.

2764 **Modeste** (Victor). La nuit du 4 Août.

2758 **Modeste** (Victor). Résolutions nouvelles au souvenir de l'invasion.

3399 **Mondelli** (capitaine). La Vérité sur le siège de Bitche (1870-1871).

3735 **Moulin** (René). Une année de politique extérieure.

3538 **Muel** (Léon). Histoire politique de la 7e législature (1898-1902).

2162 **Pellet** (Marcellin). Le Général Championnet et l'éducation patriotique.

2744 **Pelletan** (Camille). De 1815 à nos jours.

3944 **Picard** (Ernest). 1870. La perte de l'Alsace.

4328 **Pichon** (Stephen). Dans la bataille..

2899 **Pontois** (H.). Les Odeurs de Tunis.

3718 **Potin** (Emile) et **Bourgoin** (G.). Première exposition d'histoire et d'archéologie du XVIe arrondissement.

339 **Prat** (J.-G.). Les Exploits du Deux-Décembre. Récits d'histoire du xixe siècle. 2 vol.

2200 **Rasch** (G.). Les Prussiens en Alsace-Lorraine.

2053 **Raymond** (Xavier). Les marines de la France et de l'Angleterre (1815-1863).

1391 **Regnault** (Elias). Histoire de Huit ans (1840-1848). 3 vol.

1377 **Rochau** (de). Histoire de la Restauration.

2170 **Rothan** (G.). L'Affaire du Luxembourg. Le prélude de la guerre de 1870.

2153 — La politique française en 1866.

2159 **Rousset** (Camille). La conquête d'Alger.

3887 **Rouyer** (capitaine). Histoire militaire et politique de l'Annam et du Tonkin depuis 1799.

147 **Roy** (J.-J.-E.). Les Français en Russie. Souvenirs de la campagne de 1812.

3543 **Ruffi de Pontevès** (Jean de). Les Marins en Chine, souvenirs de la colonne Seymour.

382 **Sand** (George). Journal d'un voyageur pendant la guerre.

4133 **Sarrut** (Germain). Histoire de la France de 1792 à 1849.

225 **Schreiner** (Alf.). La Nouvelle-Calédonie.

2979 **Ségur** (Cte de). La campagne de Russie.

3259 **Sorel** (Albert). Bonaparte et Hoche en 1797.

910 **Stern** (Daniel). Histoire de la Révolution de 1848. 2 vol.

2869 **Sylvanecte**. La Cour impériale à Compiègne.

2848 **Taisey-Chatenoy** (marquise de). A la Cour de Napoléon III.

602 **Ténot** (E.). La Province en Décembre 1851. Etude historique sous le coup d'Etat.

1751 **Thiers** (Ad.). Histoire de la Révolution française. 10 vol.

1537 — Waterloo.

3519 **Thomas** (colonel). La guerre d'Orient de 1854 à 1855.

3172 **Thureau-Dangin.** La Parti libéral sous la Restauration.

972 **Un mois** dans les lignes prussiennes.

1608 **Watbled** (Ernest). Souvenirs de l'armée d'Afrique.

3° HISTOIRE DE PARIS

4370 **Aubert** (Marcel). La Cathédrale Notre-Dame-de-Paris.

4256 **Augé de Lassus** (L.). La vie au Palais-Royal.

3470 **Baillière** (Henri). La rue Hautefeuille, son histoire et ses habitants (1252-1901).

3285 **Barroux** (Marius). Les Sources de l'ancien Etat civil parisien.

3441 **Beaurepaire** (Edmond). Le Louvre et les Tuileries.

419 **Bujon** (Pierre). Petite histoire de Paris.

3711 **Cain** (Georges). Les Coins de Paris.

4020 — Nouvelles promenades dans Paris.

2683 **Châteauminois** (Mlle). Souvenirs historiques du VIIIe arrondissement de Paris.

610 **Claretie** (Jules). Paris assiégé. Tableaux et Souvenirs.

3582 **Da Costa** (G.). La Commune vécue.

3932 **Descombes** (Louis). Recherches sur le faubourg Saint-Antoine.

2297 **Drumont** (Edouard). Mon vieux Paris. 2 v.

3544 — Vieux portraits, vieux cadres.

4110 **Duchêne** (G.). La Place de l'Etoile et l'Arc-de-Triomphe.

3449 **Duquet** (Alfred). Paris. Guerre de 1870-1871.

4344 **Estrée** (Paul d'). Le Père Duchêne, Hébert et la Commune de Paris (1792-1794).

2751 **Fournier** (Edouard). Enigmes des rues de Paris.

2765 — Paris Capitale.

2752 — Paris démoli.

3446 **Franklin** (Alfred). Variétés parisiennes.

3304 **Funck-Brentano** (F.). Légendes et Archives de la Bastille.

2760 **Gérards** (E.). Les Catacombes de Paris.

3704 **Hénard** (R.). Le Mont Valérien.
2955 **Isambart** (G.). La vie à Paris pendant une
année de la Révolution (1791-1792).
2681 **Joguet-Tissot**. Les armées allemandes
devant Paris.
601 **Labédollière** (E. de). Histoire de la Garde
nationale.
3258 **Laffitte** (J.). Un coin de Paris. Le XVIe
arrondissement dans le passé.
3588 **Lambeau** (L.). Le cimetière de Sainte-
Marguerite et la sépulture de Louis XVII.
4240 **Lanzac de Laborie** (L. de). Paris sous
Napoléon. 5 vol.
4371 **Lecomte** (L.-H.). Les Folies-Nouvelles.
3099 **Lissagaray**. Histoire de la Commune de
1871.
3276 **Lucipia** (L.). Seine et Paris.
4335 **Mallet** (François). Les Aéronautes et les
Colombophiles du siège de Paris.
3187 **Ménorval** (E. de). Paris, depuis ses origines jusqu'à nos jours. 3 vol.
3466 **Miron de l'Espinay** (A.). François Miron
et l'administration municipale sous
Henri IV, de 1604 à 1606.
575 **Morgand** (D.). Catalogue des livres relatifs à l'histoire de Paris et de ses envi-
rons, composant la bibliothèque de
M. l'abbé Bossuet.
3951 **Mouton** (Léo). L'Hôtel de Transylvanie.
3594 **Perrault-Dabot** (A.). L'Hôtel de Bourgogne
et la tour de Jean-Sans-Peur à Paris.
4034 **Poète** (Marcel). L'enfance de Paris.
3572 **Sellier** (Ch.). Curiosités historiques et pittoresques du vieux Montmartre.
606 **Ténot** (E.). Paris en Décembre 1851.
3691 **Touchard-Lafosse** (G.). Histoire de Paris.
5 vol.
4395 **Vacquier** (J.). Ancien hôtel du Maine et
de Biron.
4254 — Visite aux Invalides. L'Eglise Saint-
Louis.
3375 **Villebresme** (Vicomte de). Ce qui reste du
vieux Paris.
4015 **Vuillaume** (Maxime). Mes Cahiers rouges
(1871).

4° HISTOIRE GÉNÉRALE ET ÉTRANGÈRE

2328 **Agardh** (C.). La Suède depuis ses origines
jusqu'à nos jours.
3250 **Andler** (Ch.). Le prince de Bismarck.

1373 **Asseline** (Louis). Histoire de l'Autriche, depuis la mort de Marie-Thérèse jusqu'à nos jours.

4029 **Balincourt** (Command[t] de). L'agonie d'un cuirassé. Carnet de notes du commandant Séménoff de l'Etat-major de l'amiral Rodjestvensky.

4357 — L'escadre Rodjestvensky sur le chemin du sacrifice.

3720 **Barral-Montferrat** (Marquis). De Monroë à Roosevelt (1823 à 1905).

1500 **Bernard** (Frédéric). Les fêtes célèbres.

333 **Bismarck** (de). Lettres politiques confidentielles publiées par M. H. Poschinger.

3014 **Bonnal** (Ed.). Chute d'une République. Venise.

255 **Bossuet.** Discours sur l'histoire universelle.

296 **Botta** (Ch.). Histoire des peuples d'Italie. 3 vol.

293 **Bouchot** (Auguste). Histoire du Portugal et de ses colonies.

1364 **Bourloton** (Edgar). L'Allemagne contemporaine.

4452 **Bujac** (Colonel E.). La guerre Russo-Japonaise.

3232 — Précis de quelques campagnes contemporaines.

3811 **Canet** (V.). Marie Stuart ou la reine martyre.

3480 **Caplain** (J.). Villebois-Mareuil, son idée, son geste.

4370 **Carrère** (J.). La terre tremblante, Calabre et Messine.

600 **Chevalet** (E.). Histoire politique et militaire de la Prusse.

1522 **Chevalier** (E.). Histoire de la marine française pendant la guerre de l'Indépendance américaine.

569 **Chodzko** (L.). Les massacres de Galicie et Krakovie confisquée par l'Autriche en 1846.

591 **Collas** (L.). Histoire de l'Empire ottoman et coup d'œil sur la Turquie actuelle.

3163 **Combes de Lestrade** (Vicomte). La Sicile sous la monarchie de Savoie.

1387 **Cornewall-Lewis** (G.). Histoire gouvernementale de l'Angleterre de 1770 à 1830.

2337 **Créhange** (G.). Histoire de la Russie depuis la mort de Paul Ier jusqu'à nos jours.

1386 **Daendliker** (Dr K.). Histoire du peuple suisse.

753 **Damaze de Raymond.** Tableau historique, géographique, militaire et moral de l'Empire de Russie. 2 vol.

3714 **Daoulas** (A.). Le siège de **Tien-Tsin** (15 Juin-15 Juillet 1900).

3421 **Darcy** (Eug.). La défense de la légation de France à Pékin.

3035 **Deschamps** (Gaston). La Grèce d'aujourd'hui.

4301 **Des Courtis** (Comte Marc). De Port-Arthur à Tsoushima.

590 **Despois** (E.). Révolution d'Angleterre 1603-1688.

4241 **Dide** (Auguste). Michel Servet et Calvin.

1362 **Dixon** (Hepworth). La Suisse contemporaine.

3168 **Dubarry** (Armand). Le brigandage en Italie depuis les temps les plus reculés jusqu'à nos jours.

4112 **Exposition** contemporaine du Musée Guimet, du 27 Mai au 31 Juillet 1908. Catalogue.

2748 **Farges** (Louis). Stendhal diplomate. Rome et l'Italie de 1829 à 1842.

2266 **Ferrari** (Joseph). La Chine et l'Europe. Leur histoire et leurs traditions comparées.

3124 **Fichte** (J.-G). Discours à la nation allemande.

1918 **Fleury** (J.-A.). Histoire d'Angleterre comprenant celle de l'Ecosse et de l'Irlande et des possessions anglaises.

3253 **Flint** (Robert). La philosophie de l'histoire en Allemagne.

256 **Florian.** Précis de l'histoire des Maures en Espagne.

4367 **Gasparin** (Cte Ag. de). Luther et la Réforme au XVIe siècle.

2049 **Gazeau** (A.). Les Bouffons.

295 **Geffroy** (A.). Histoire des Etats scandinaves.

451 **Gigot** (Albert). La démocratie autoritaire aux Etats-Unis. Le général André Jackson.

3773 **Golovkine** (Fédor). La cour et le règne de Paul Ier.

408 **Green** (John R.). Histoire moderne du peuple anglais depuis la Révolution jusqu'à nos jours.

3474 **Guénin** (Eug.). Ango et ses pilotes.

3198 — La Nouvelle France.

2166 **Guizot**. Etudes sur la Révolution d'Angleterre. Portraits politiques des hommes
des différents pays.

3104 **Jurien de la Gravière** (Vice-Amiral E.).
Les Corsaires barbaresques et la marine
de Soliman-le-Grand.

3644 **Labbé** (Paul). Les Russes en Extrême-
Orient.

3021 **Lamartine** (Alph. de). Histoire de la Russie. 2 vol.

4047 **Lang** (Andrew). Les Mystères de l'Histoire.

3119 **Langlois** (Ch.-V.). Manuel de bibliographie
historique. 2 vol.

3133 **Larivière** (Ch. de). Catherine II et la Révolution française.

1360 **Laugel** (Auguste). Les Etats-Unis pendant
la guerre (1861-1864).

1380 — Lord Palmerston et Lord Russell.

2128 **Lavallée** (Théophile). Histoire de la Turquie. 5 vol.

979 **Lavisse** (E.). Essais sur l'Allemagne impériale.

2303 — Etudes sur l'Histoire de la Prusse.

2980 — Vue générale de l'histoire politique de
l'Europe.

3150 **Léger** (Louis). Etudes slaves.

2174 — Histoire de l'Autriche-Hongrie, depuis
les origines jusqu'à l'année 1878.

3149 — Nouvelles Etudes slaves.

149 **Lenormant** (François). Les derniers événements de Syrie.

754 **Lesur** (C.-L.). Annuaire historique universel. Année 1822.

755 — Annuaire historique universel. Année
1823.

1257 **Louandre** (Ch.). Dictionnaire usuel d'histoire et de géographie.

2193 **Macaulay** (T.-B.). Histoire d'Angleterre
depuis l'avènement de Jacques II.

2099 **Marmier** (X.). Robert Bruce. Comment on
reconquiert un royaume.

3015 **Mas-Latrie** (L. de). L'île de Chypre, sa
situation présente et ses souvenirs du
moyen âge.

254 **Michelet**. Introduction à l'histoire universelle.

1082 — Précis de l'histoire moderne.

2354 **Mignet**. Charles-Quint et son abdication,
son séjour et sa mort au monastère de
Yuste.

4022 **Moiroux** (Jules). Le cimetière du Père-Lachaise. Guide illustré.

2451 **Montheuil** (A.). Héros et martyrs de la liberté.

2916 **Mougeolle** (P.). Les problèmes de l'histoire.

3899 **Niox** (Gén¹). La guerre Russo-Japonaise.

2936 **Pensa** (Henri). L'Egypte et le Soudan égyptien.

1977 **Petit** (Maxime). Les grands incendies.

2046 — Les sièges célèbres de l'antiquité, du moyen âge et des temps modernes.

4083 **Pinon** (René). Origines et résultats de la guerre russo-japonaise.

4394 **Piquet** (Victor). Les civilisations de l'Afrique du Nord.

2262 **Pouchkine**. Le faux Pierre III. Traduit du russe par le prince A. Galitzine.

2321 **Rameau**. Une colonie féodale en Amérique : L'Acadie (1604-1710).

586 **Raymond** (Emmanuel). L'Espagne et le Portugal.

1468 **Renaud** (Armand). L'Héroïsme.

256 **Retz** (Card¹ de). La conjuration de Fiesque.

1359 **Reynald** (H.). Histoire de l'Angleterre depuis la mort de la reine Anne jusqu'à nos jours.

1374 — Histoire de l'Espagne, depuis la mort de Charles III jusqu'à nos jours.

4413 **Rivière** (Georges). La Terre des Pharaons.

3990 **Robiquet** (P.). Histoire et droit. 2 vol.

595 **Rolland** (Ch.). Histoire de la maison d'Autriche.

1781 **Roujoux** (le Chevalier de) et **Vincent** (J.-L.). Abrégé de l'histoire d'Angleterre depuis la première invasion des Romains.

2061 **Rousset** (Camille). La grande Charte ou l'établissement du régime constitutionnel en Angleterre.

256 **Rulhières**. Histoire de la Révolution de Russie en 1762.

256² **Saint-Réal** (Abbé de). Conjuration des Espagnols contre Venise.

256¹ **Sarrazin**. La conspiration de Wallenstein.

3643 **Sasseray** (Marquis de). Les derniers mois de Murat. Le guet-apens du Pizzo.

1368 **Sayous** (E.-D.). Histoire des Hongrois et de leur littérature politique de 1790 à 1815.

291 **Schiller**. Histoire de la guerre de Trente ans.

2672 **Schnitzler**. Histoire intime de la Russie sous les empereurs Alexandre et Nicolas. 2 vol.

739 **Scott** (Walter). Description et histoire de l'Écosse.

4004 **Sorel** (Georges). Le systèmèe historique de Renan.

896 **Sorin** (Élie). Histoire de l'Italie, depuis 1815 jusqu'à la mort de Victor-Emmanuel.

3040 **Souvoroff** (Princesse). Histoire de Russie.

1389 **Sybel** (H. de). Histoire de l'Europe pendant la Révolution française. 5 vol.

1372 **Thackeray**. Les quatre George. Études sur la cour et la société anglaise (1704 à 1830).

506 **Vambéry** (Arminius). La lutte future pour la possession de l'Inde.

1365 **Véron** (Eugène). Histoire de l'Allemagne depuis la bataille de Sadowa.

1363 — Histoire de la Prusse depuis la mort de Frédéric II jusqu'à la bataille de Sadowa.

256 **Vertot** (de). Histoire des révolutions de Portugal et histoire des révolutions de Suède.

3734 **Villetard de Laguérie**. Trois mois avec le maréchal Oyama.

2509 **Voltaire**. Annales de l'Empire depuis Charlemagne.

4028 **Whitehouse** (H. Remsen). Une princesse révolutionnaire : Christine Trivulzio Belgiojoso (1808-1871).

290 **Zeller** (Jules). Abrégé de l'histoire d'Italie, depuis la chute de l'Empire romain jusqu'en 1864.

5° BIOGRAPHIES, MÉMOIRES

1405 **Argenson** (d'). Mémoires.

3978 **Arnous** (P.). Pierre Legrand.

3139 **Avrillon** (Mᴵˡᵉ). Mémoires de Mˡˡᵉ Avrillon, première femme de chambre de l'Impératrice, sur la vie privée de Joséphine, sa famille et sa cour. 2 vol.

1396 **Bachaumont**. Mémoires.

3437 **Baillehache** (Marcel de). Souvenirs intimes d'un lancier de la garde impériale.

2932 **Barbier** (François). Chronique de la Régence et du règne de Louis XV (1718-1763) ou Journal de Barbier. 8 vol.

1583 **Berwick** (de). Mémoires.

1402 **Besenval** (de). Mémoires.

1767 **Biographie moderne** ou dictionnaire biographique de tous les hommes morts et vivants qui ont marqué la fin du xviiie siècle. 4 vol.

3352 **Biographie politique** du xxe siècle.

3392 **Boissier** (Gaston). Saint-Simon.

1625 **Bonnechose** (Emile de). Bertrand du Guesclin.

1624 — Lazare Hoche (1793-1797).

1407 **Bouillé** (de). Mémoires.

4244 **Boulot** (Georges). Le général Duphot (1769-1797).

3216 **Bourgoing** (Baron Pierre de). Souvenirs militaires.

4388 **Brulat** (Paul). Histoire populaire de Gambetta.

4310 **Brunetière** (F.). Honoré de Balzac.

674 **Buhot de Kersers** (A.). Histoire de Théophile Malo de la Tour d'Auvergne, premier grenadier de France.

2663 **Cabanès** (Aug.). Marat inconnu. L'homme privé, le médecin, le savant.

1398 **Campan** (Mme). Mémoires sur la vie de Marie-Antoinette.

3955 **Chassin** (Ch.-L.). Félicien, souvenirs d'un étudiant de 1848.

1573 **Colet** (Mme Louise). Enfances célèbres.

1638 **Corne** (H.). Le cardinal Mazarin.

1663 — Le cardinal de Richelieu.

4257 **Cyral** (Henri). Faidherbe.

2967 **Darmesteter** (Mme Mary). Froissart.

3986 **Dauphin-Meunier.** La comtesse de Mirabeau (1752-1800).

1394 **Dazincourt.** Mémoires.

2484 **Debidour.** L'Impératrice Théodora.

4396 **Denis (Léon).** La vérité sur Jeanne d'Arc.

4271 **Dorys** (G.). Abd-ul-Hamid intime.

1382 **Dubost** (Ant.). Danton et les massacres de Septembre.

1548 **Du Camp** (Maxime). Souvenirs de l'année 1848.

4085 **Duclaux** (E.). Pasteur; histoire d'un esprit.

3300 **Duclos.** Mémoires secrets sur le règne de Louis XIV, la Régence et le règne de Louis XV.

2966 **Ducor** (Henri). Aventures d'un marin de la garde impériale.

1118 **Dumas** (Alex.). Les morts vont vite. 2 vol.

1399 **Dumouriez.** Mémoires.

1420 **Epinay** (Mme). Mémoires. 2 vol.

4071 **Fabre** (Ferdinand). Ma vocation.

4030 **Fain** (Baron). Mémoires.

3131 **Figueur** (Thérèse). La vraie Madame Sans-Gène. Les campagnes de Thérèse Figueur.

4340 **France** (A.). Vie de Jeanne d'Arc. 2 vol.

4032 **Galtier** (Octave). Etienne Dolet : vie, œuvres, caractère, croyances.

4309 **Ginisty** (Paul). Mémoires d'anonymes et d'inconnus.

4412 **Giraud** (Victor). Chateaubriand.

3045 **Greville** (C.-F.). La cour de Georges IV et de Guillaume IV; souvenirs d'un témoin oculaire.

4378 **Guimbaud** (L.). Un grand bourgeois au xviiie siècle. Auguet de Montyon.

3111 **Guiraud** (Paul). Fustel de Coulanges.

1396 **Hausset** (Mme du). Mémoires.

3321 **Henrique** (Louis). Galerie coloniale et diplomatique (Nos contemporains). 3 vol.

1413 **Holland** (Lord). Souvenirs.

2115 **Hübner** (Baron de). Sixte-Quint. D'après des correspondances diplomatiques inédites. 2 vol.

495 **Imbert de Saint-Amand.** La jeunesse de la duchesse d'Angoulème.

3010 — La jeunesse de l'impératrice Joséphine.

8 **Joinville.** Histoire de Saint-Louis.

3701 **Jolicler** (Etienne). Jolicler, volontaire aux armées de la Révolutions; ses lettres (1793-1796).

1937 **Jouault** (A.). Abraham Lincoln.

1936 — George Washington.

2095 **Jurien de la Gravière** (Vice-Amiral Pierre). Souvenirs d'un amiral. 2 vol.

2070 **Labour** (Fernand). Monsieur de Montyon d'après des documents inédits.

673 **Lamartine** (A. de). Nelson.

2205 **Lamber** (Juliette). (Mme Edmond Adam). Le siège de Paris. Journal d'un Parisienne.

2325 **Larchey** (Lorédan). Les cahiers du capitaine Coignet (1799-1815).

1408 **Latude.** Mémoires.

1410 **Lauzun** (Duc de). Mémoires.

4424 **Lenotre** (G.). Le vrai chevalier de Maison-Rouge.

3266 **Louis** (Désiré). Souvenirs d'un prisonnier de guerre (1870-1871).

1399 **Louvet.** Mémoires. 2 vol.

2054 **Luce** (Siméon). Histoire de Bertrand Du Guesclin et de son époque.

2671 **Mahé de la Bourdonnais** (A.-C.). Mémoires historiques.

211 **Malmesbury** (Lord). Mémoires d'un ancien ministre (1807-1869).

767 **Marnier** (Colonel J.). Souvenirs de guerre en temps de paix (1793-1806-1823-1862).

3759 **Margueritte** (Paul). Les pas sur le sable.

1411 **Masson** (C.-F.-P.). Mémoires secrets de la Russie pendant les règnes de Catherine II et de Paul Ier.

3603 **Matter** (Paul). Bismarck et son temps.

1409 **Mémoires** sur les journées de Septembre 1792.

1400 **Montpensier** (Mme de). Mémoires.

1422 **Motteville** (Mme de). Mémoires.

3397 **Néton** (Albéric). Sieyès (1748-1836).

1785 **Nouvelle biographie classique** ou dictionnaire historique et biographique.

1421 **Oberkirch** (Baronne d'). Mémoires. 2 vol.

3347 **Oddo** (Henri). Le chevalier Roze.

3889 **Pépé** (Général). Mémoires.

1756 **Péréfixe** (Hardouin de). Histoire du roi Henri le Grand.

1868 **Perrens** (F.-T.). Jérôme Savonarole, d'après les documents originaux.

148 **Petit** (Edouard). Francis Garnier, sa vie, ses voyages, son œuvre.

297 **Philippe** (Jules). Les gloires de la Savoie.

1061 **Picard.** Souvenirs d'un officier du 2e zouaves.

660 **Plutarque.** Vie des Romains illustres.

3247 **Prolès** (Ch.). Les hommes de la Révolution de 1871.

3528 **Quentin-Bauchart** (P.). Lamartine homme politique.

3526 **Rambaud** (Alfred). Jules Ferry.

2703 **Rémusat** (P. de). A. Thiers.

1423 **Retz** (Cardinal de). Mémoires.

1415 **Richelieu** (Duc de). Mémoires.

1400 **Riouffe.** Mémoires.

757 **Robinet** (Dr). Danton, mémoire sur sa vie privée.

3167 **Rochefort** (Henri). Les aventures de ma vie. 5 vol.

2477 **Rodd** (Rennell). Frédéric III. Le prince héritier, l'Empereur.

1395 **Roland** (Mme). Mémoires.

2380 **Rossignol** (Jean). La vie véritable du citoyen Jean Rossignol.

1512 **Saint-Simon** (Duc de). Mémoires complets et authentiques sur le règne de Louis XIV et la Régence. 13 vol.

1414 **Ségur** (Comte de). Mémoires, souvenirs et anecdotes. 2 vol.

1059 **Spuller** (E.). Figures disparues. Portraits contemporains littéraires et politiques.

4274 **Taine** (H.). Sa vie et sa correspondance. 4 vol.

1416 **Thiébault.** Souvenirs de vingt ans de séjour à Berlin. 2 vol.

3255 **Thoury** (Jean-François). Mémoires de Jean-François Thoury.

1410 **Tilly** (Comte de). Mémoires.

975 **Todière** (L.). Guillaume le Conquérant.

1768 — Histoire de Louis XII, roi de France.

2557 **Turenne.** Mémoires, suivis du Précis des campagnes du maréchal de Turenne, par Napoléon.

2599 **Une famille républicaine** : les Carnot.

1406 **Vaublanc** (de). Mémoires.

288 **Voltaire.** Histoire de Charles XII, roi de Suède.

2510 — Histoire de Charles XII. Histoire de l'Empire de Russie sous Pierre le Grand.

1403 **Weber.** Mémoires sur Marie-Antoinette.

IV. — Géographie — Voyages

1° GÉOGRAPHIE

1622 **About** (Edmond). La Grèce contemporaine.
2951 **Aimard** (Gustave). Le Brésil nouveau.
4043 **Ardouin-Dumazet**. Voyage en France.
3514 **Bassières** (E.). Notice sur la Guyane.
3814 **Bérard** (Alexandre). La Bresse et le Bugey historiques et pittoresques.
2623 **Biolley** (P.). Costa-Rica et son avenir.
3989 **Boland** (Henri). Nouveaux zigzags en France.
3988 — Zigzags en France.
1703 **Bousquet** (Georges). Le Japon de nos jours et les Echelles de l'Extrême-Orient. 2 vol.
116 **Braconnier** (Ed.). Application de la Géographie à l'Histoire. 2 vol.
4258 **Brunet** (J.-L.). Les colonies françaises.
4235 **Byram** (Léo). Petit Jap deviendra grand.
3410 **Chapiseau** (F.). Au pays de l'esclavage, mœurs et coutumes de l'Afrique centrale
2284 **Chartier** (L.). La Nouvelle-Calédonie et les Nouvelles-Hébrides.
2219 **Compiègne** (Marquis de). L'Afrique équatoriale. Gabonais, Pahouins, Gallois.
2634 **Corsin** (E.). et **Petitcuénot**. Dictionnaire mathématique des communes de France.
1660 **Daireaux** (Emile). Buenos-Ayres. La Pampa et la Patagonie.
876 **Debriges** (E.). Les Alpes du Dauphiné.
2292 **Depping** (Guillaume). Le Japon.
3243 **Deville** (V.). Partage de l'Afrique, exploration, colonisation, état politique.
3585 **Ducrocq** (G.). Pauvre et douce Corée.
3380 **Duplais** (L.). Berck-sur-Mer. Ville et plage.
247 **Duval** (Jules). Notre pays.
245 — Notre planète.
2019 **Duveyrier**. La Tunisie.
3354 **Expansion coloniale** (L').
956 **Fabre** (Henry). La Terre.
3512 **Famechon**. Notice sur la Guinée française.
4285 **Fèvre** (J.) et **Hauser** (H.). Leçons de géographie. 3 vol.
2023 **Figuier** (Louis). Scènes et tableaux de la nature.
4243 **Florent-Mater**. L'Alsace-Lorraine de nos jours.

3516 **Fonssagrives** (J.). Notice sur le Dahomey.

1385 **Gaffarel** (Paul). Les colonies françaises.

4128 **Germain** (Comm^t P.). La France africaine.

2242 **Gourdault** (Jules). La Suisse pittoresque.

2495 **Guyot** (A.). Géographie physique comparée.

4011 **Hommaire de Hell** (Mme). A travers le monde.

2374 **Joanne** (Adolphe). Géographie du département de Loir-et-Cher.

3032 — Les musées de Paris.

2221 **Journet** (F.). L'Australie. Description du pays. Colons et natifs.

3513 **Landes** (G.). Notice sur la Martinique.

1978 **Lanoye** (F. de). Le Nil, son bassin et ses sources.

2028 **Laugel** (Auguste). Études scientifiques.

19 **Lavallée** (Théoph.). Les frontières de la France.

3977 **Le Goffic** (Ch.). Sur la côte.

3362 **Lemire** (Ch.). Les cinq pays de l'Indo-Chine française.

1474 **Lesbazeilles** (E.). Les merveilles du monde polaire.

3900 **Macrae** (David). Les Américains chez eux.

691 **Margollé** (Elie). Les phénomènes de la mer.

248 **Maury** (Alfred). La terre et l'homme.

2560 **Mellion** (Ad.). Le désert.

429 **Michelet** (J.). Notre France, sa géographie, son histoire.

1429 **Millet** (C.). Les merveilles des fleuves et des ruisseaux.

2132 **Montégut** (Emile). L'Angleterre et ses colonies australes : Australie, Nouvelle-Zélande, Afrique australe.

3891 **Niox** (G.). Résumé de géographie physique et historique. 3 vol.

2183 **Reclus** (Elisée). Histoire d'une montagne.

2184 — Histoire d'un ruisseau.

692 — Les phénomènes terrestres.

1929 **Reclus** (Onésime). La terre à vol d'oiseau. 2 vol.

2040 **Simonin** (L.). Les grands ports de commerce de la France.

1942 — Les ports de la Grande-Bretagne.

3599 **Stéphan** (Ch.-H.). Le Mexique économique.

261 **Tableau** de Cayenne ou de la Guyane française.

2235 **Talbert** (Emile). Les Alpes, études et souvenirs.

2143 **Tissot** (Victor). Vienne et la vie viennoise.
3558 **Villamur** (R.). et **Richaud** (Léon). Notre
    colonie de la Côte d'Ivoire.
3809 **Villetard** (E.). Le Japon.
1427 **Zurcher** et **Margollé.** Les glaciers.
1425 — Volcans et tremblements de terre.

2° VOYAGES

306 **About** (Edmond). Alsace (1871-1872).
303 — Le Fellah (souvenirs d'Egypte).
1570 **Agassiz** (L.). Voyage au Brésil.
2809 **Ajalbert** (Jean). En Auvergne.
2041 **Albertis** (L.-M. d'). La Nouvelle-Guinée,
    ce que j'y ai fait, ce que j'y ai vu.
3108 **Alis** (Harry). Promenades en Egypte.
1630 **Amicis** (Edmondo de). Constantinople.
    Traduit de l'italien, par Mme J. Colomb.
1626 — L'Espagne.
1627 — La Hollande.
1629 — Souvenirs de Paris et de Londres.
3256 **Antar** (Michel). En Smaala.
3218 **Arago** (Jacques). Promenade autour du
    monde pendant les années 1817, 1818,
    1819 et 1820. 2 vol.
4043 **Ardouin-Dumazet.** Voyage en France.
    12 vol.
4346 **Avesnes.** En face du soleil levant.
3564 — Journal de bord d'un aspirant.
2609 **Badin** (Ad.). Un Parisien chez les Russes.
2237 **Baker** (sir White). L'Afrique équatoriale.
1893 — Le lac Albert.
1383 **Balcalm** (Ed.). Promenades en Russie.
1655 **Baldwin** (W.-C.). Du Natal au Zambèze
    (1851-1866).
— Récits de chasse.
627 **Baraban** (L.). A travers la Tunisie.
336 **Barker** (Lady). Une femme du monde à
    la Nouvelle-Zélande.
3415 **Barthélemy** (Marquis de). En Indo-Chine
    (1896-1897).
3026 **Bazin** (René). Terre d'Espagne.
2104 **Belle** (H.). Trois années en Grèce.
3217 **Bellessort** (André). La jeune Amérique.
    Chili et Bolivie.
3486 — La société japonaise.
2329 **Bellot** (J.-R.). Journal d'un voyage aux
    mers polaires à la recherche de sir John
    Franklin.
3657 **Bernard** (Fernand). A travers Sumatra.

21 **Bertie-Mariott** (C.). Un Parisien au Mexique.

2616 **Bigot** (Ch.). De Paris au Niagara.

2498 **Bisson** (Comte Raoul du). Les femmes, les eunuques et les guerres du Soudan.

532 **Blanqui.** Voyage en Bulgarie pendant l'année 1841.

3989 **Boland** (Henri). Nouveaux zigzags en France.

3988 — Zigzags en France.

1584 **Bombonnel.** Ses chasses écrites par lui-même.

3909 **Bordeaux** (Alb.). La Guyane inconnue.

2481 **Boulangier** (E.). Les Russes dans l'Asie centrale et le chemin de fer transcaspien.

525 **Bourde** (P.). A travers l'Algérie.

2674 **Bourgade La Dardye** (Dr E. de). Le Paraguay.

3363 **Brau de Saint-Pol-Lias.** De France à Sumatra.

2172 **Caix de Saint-Aymour** (de). Les pays sud-slaves de l'Autriche.

2136 **Cameron** (Verney-Lowett). Notre future route de l'Inde.

4370 **Carrère** (J.). La terre tremblante. Calabre et Messine.

3057 **Cavaglion** (E.). 254 jours autour du monde.

2556 **Chaffanjon.** L'Orénoque et le Caura.

958 **Chardin** (Jean). Voyages en Perse et autres lieux de l'Orient. 2 vol.

2339 **Charmes** (Gabriel). La Tunisie et la Tripolitaine.

2977 **Chotteau** (Léon). Mes campagnes aux Etats-Unis et en France.

2362 **Clapin** (Sylva). La France transatlantique. Le Canada.

2976 **Claretie** (Léo). Feuilles de route aux Etats-Unis.

2311 **Colquhoun** (Archibald). Autour du Tonkin. La Chine méridionale de Canton à Mondalay. 2 vol.

3427 **Combanaire** (Ad.). Au pays des coupeurs de têtes; à travers Bornéo.

1875 **Cotteau** (Edmond). De Paris au Japon à travers la Sibérie.

2460 — En Océanie. Voyage autour du monde en 365 jours (1884-1885).

27 — Un touriste dans l'Extrême-Orient.

1060 **Cozzens** (S.-W.). Voyage dans l'Arizona.

2500 — Voyage dans le nouveau Mexique (suite du Voyage dans l'Arizona).

2853 **Darmesteter** (James). Lettres sur l'Inde. A la frontière Afghane.

1720 **David** (Armand). Journal de mon troisième voyage d'exploration dans l'Empire chinois. 2 vol.

3844 **Decorse** (Dr J.). Du Congo au la Tchad.

3560 **Deiss** (Ch.). Un été à Londres.

1607 **Deville** (Louis). Excursions dans l'Inde.

4158 **Dhormoys** (P.). Sous les tropiques.

557 **Drouet** (Henri). Alger et le Sahel.

522 **Dubard** (Maurice). La vie en Chine et au Japon.

3330 **Dubois** (F.). Tombouctou la mystérieuse.

1664 **Du Camp** (Max.). Le Nil. Egypte et Nubie.

2010 **Dufferin** (Lord). Lettres écrites des régions polaires.

1176 **Dumas** (Alexandre). Une année à Florence.

1154 — L'Arabie heureuse. Souvenirs de voyages en Asie et en Afrique. 3 vol.

1101 — Les baleiniers. Voyage aux terres antipodiques. 2 vol.

1205 — Le capitaine Aréna.

1157 — Le Caucase. 3 vol.

1104 — Le Corricolo. 2 vol.

1131 — De Paris à Cadix. 2 vol.

1243 — Les drames de la mer.

1147 — En Russie. 4 vol.

1152 — Excursions sur les bords du Rhin.

1133 — Le Midi de la France. 2 vol.

1247 — Quinze jours au Sinaï.

1151 — Le Speronare. 2 vol.

1116 — Le Véloce. 2 vol.

1168 — La vie au désert, cinq ans de chasse dans l'intérieur de l'Afrique méridionale. 2 vol.

1204 — La villa Palmieri.

1166 — Voyage en Suisse. 3 vol.

3416 **Durrieux** (A.). et **Fauvelle** (R.). Samarcande la bien gardée.

605 **Duruy** (Victor). De Paris à Bucharest.

2279 **Dutemple** (Edm.). En Turquie d'Asie. Notes de voyages en Anatolie.

2300 **Dutreuil de Rhins** (J.-L.). Le Royaume d'Annam et les Annamites.

86 **Ernouf** (Baron). Du Weser au Zambèze.

2917 **Escayrac de Lauture** (d'). Voyage dans le grand désert et au Soudan.

2769 **Expilly** (Ch.). Les femmes et les mœurs du Brésil.

879 **Farini** (G.-A.). Huit mois au Kalahari. Récit d'un voyage au lac N'Gami.

4384 **Faure** (G.). Heures d'Italie.

8290 **Ferri de Saint-Constant** (J.-L.). Londres et les Anglais. 2 vol.

760 **Fonvielle** (W. de). Les affamés du Pôle Nord.

3002 **France** (Hector). Sac au dos à travers l'Espagne.

3998 **François** (Georges). L'Afrique occidentale française.

2313 **Fromentin** (Eugène). Une année dans le Sahel.

2293 — Un été dans le Sahara.

1850 **Garnier** (Francis). De Paris au Tibet (notes de voyage).

2272 **Gautier** (Théophile). Constantinople.

2280 — L'Orient. 2 vol.

2201 — Voyage en Espagne. Tra-los-Montes.

2155 — Voyage en Italie.

2301 — Voyage en Russie.

3717 **Gayet** (Albert). Coins d'Egypte ignorés.

1905 **Gérard** (Jules). Le tueur de lions.

2998 **Gervais-Courtellemont.** Un voyage à la Mecque.

2346 **Gilder** (William H.) Expédition du « Rodgers » à la recherche de la « Jeannette ».

.2226 **Girardin** (J.). Vie et voyages de Christophe Colomb, d'après Washington Irving.

2223 -- Voyages et découvertes des compagnons de Colomb.

2294 **Gourdault** (Jules). L'homme blanc au pays des noirs.

2239 — L'Italie pittoresque.

2585 — Naples et la Sicile.

2240 **Graffigny** (de). Récits d'un aéronaute. Histoire de l'aérostation. Fantaisies aérostatiques.

2614 **Guimet** (Em.). Croquis égyptiens. Journal d'un touriste.

2651 — L'Orient au fusain.

4016 **Haguenau** (S.). Manuel de géographie nationale.

1835 **Hall** (Basil). Scènes du bord et de la terre ferme.

3604 **Hourst** (Lieutent). Dans les rapides du fleuve Bleu.

3947 **Huard** (Ch.). New-York comme je l'ai vu.

2508 **Hübner** (de). A travers l'empire britannique (1883-1884). 2 vol.

2002 — Promenade autour du monde (1871). 2 vol.

118 **Huc** (le Père). L'Empire chinois. 2 vol.

3.

117 **Huc** (le Père). Souvenirs d'un voyage dans la Tartarie et le Thibet pendant les années 1844, 1845, 1846. 2 vol.

582 **Hugo** (Victor). Le Rhin. Lettres à un ami. 3 vol.

3578 **Huret** (Jules). De New-York à la Nouvelle-Orléans.

184 **Jacquemont** (Victor). Correspondance avec sa famille et ses amis pendant son voyage dans l'Inde. 2 vol.

551 — Correspondance inédite avec sa famille et ses amis (1824-1832). 2 vol.

2171 **Jeannest** (Charles). Quatre années au Congo.

537 **Jurien de la Gravière** (Vice-Amiral Edmond). La station du Levant. 2 vol.

173 **Karazine.** Le pays où l'on se battra.

2463 **Labonne** (Dr) L'Islande et l'archipel des Færœer.

246 **Lamartine** (A. de). Voyage en Orient. 2 vol.

1885 **Largeau** (V.). Le pays de Rirha. Ouargla. Voyage à Rhadamès.

1890 — Le Sahara algérien. Les déserts de l'Erg.

1392 **Larocque** (Jean). Par delà de la Manche.

3254 **Leclercq** (Jules). Au pays de Paul et Virginie.

3102 — Du Caucase aux monts Altaï.

2538 — La terre des merveilles. Promenade au parc national de l'Amérique du Nord.

3568 — Une croisière au Spitzberg.

3791 **Lecomte** (G.). L'Espagne.

2565 **Lee Childe** (Mme). Un hiver au Caire. Journal de voyage en Egypte.

2341 **Legrelle** (A.). Le Volga.

44 **Léouzon-le-Duc.** L'Ours du Nord. Russie. Esthonie. Hogland.

4249 **Lesdain** (Comte de). Voyage au Thibet par la Mongolie.

730 **Lesseps** (J.-B. de). Voyage du Kamtschatka en France.

4343 **L'Hopital** (Joseph). Italica. Impressions et souvenirs.

1881 **Liégeard** (Stéphen). Vingt journées d'un touriste au pays de Luchon.

1979 **Livingstone** (David). Dernier Journal.

258 — Explorations dans l'Afrique australe.

3653 **Loti** (Pierre). La Galilée.

3652 — Jérusalem.

1887 **Mage** (E.). Voyage dans le Soudan occital.

2121 **Marbeau** (Edouard). Slaves et Teutons. Notes et impressions de voyage.

897 **Marche** (Alf.). Luçon et Palaouan. Six années de voyage aux Philippines.

2037 — Trois voyages dans l'Afrique occidentale.

1446 **Marion** (F.). Les ballons et les voyages aériens.

2044 **Markham** (Albert). La mer glacée du Pôle. Souvenirs d'un voyage sur « l'Alerte » (1875-1876).

2304 **Marmier** (X.). Lettres sur l'Adriatique et le Monténégro.

2330 — Lettres sur la Russie, la Finlande et la Pologne.

2471 — Voyages et Littérature.

3443 **Massieu** (Isabelle). Comment j'ai parcouru l'Indo-Chine.

988 **Mayne-Reid.** Les veillées de chasse.

2350 **Michel** (Léon). Tunis.

1853 **Milton** et **Chealde** (Dr). Voyage de l'Atlantique au Pacifique.

3004 **Mismer** (Ch.). Souvenirs du monde musulman.

263 **Moges** (Mis de). Souvenirs d'une ambassade en Chine et au Japon.

934 **Monselet** (Ch.). Les souliers de Sterne. Récits et tableaux de voyage.

3925 **Montaigne.** Journal de voyage.

2383 **Montano** (Dr J.). Voyage aux Philippines et en Malaisie.

1892 **Montégut** (E.). En Bourbonnais et en Forez.

2076 — Souvenirs de Bourgogne.

1891 **Mouhot** (H.). Voyage dans les royaumes de Siam, du Cambodge, du Laos et parties centrales de l'Indo-Chine.

523 **Narjoux** (F.). En Allemagne. La Prusse et ses annexes.

212 — En Angleterre. Le Pays. Les Habitants. La Vie intérieure.

304 **Nerval** (Gérard de). Voyages en Orient. 2 vol.

3245 **Neufville** (Paul de). Notes prises sur un voyage en Indo-Chine et à Java.

3365 **Nicolas** (Pierre). Notes sur la vie française en Cochinchine.

2646 **Nitrof.** Au pays des roubles.

743 **Nordenskiold** (E.). Lettres racontant la découverte du passage Nord-Est du Pôle Nord.

3999 **Olivier** (Marcel). Le Sénégal.

991 **Orsolle** (E.). Le Caucase et la Perse.

2532 **Osman-Bey.** Les femmes en Turquie.

1886 **Palgrave** (W.-G.). Une année dans l'Arabie centrale (1862-1863).

3831 **Paulhiac** (Lieut. H.). Promenades lointaines.

3535 **Pérignon** (A.). Haut-Sénégal et Moyen-Niger.

2969 **Perthuis** (Comte de). Le désert de Syrie, l'Euphrate et Mésopotamie.

328 **Petit** (Max). A travers le Danemark.

341 — En Suède. Norvège.

425 — Les Pays Scandinaves. Danemark. Suède. Norvège.

2858 **Petitot** (Em.). Autour du grand Lac des Esclaves.

1878 **Pfeiffer** (Mme Ida). Mon second voyage autour du monde.

1880 — Voyage à Madagascar.

1877 — Voyage d'une femme autour du monde.

2389 **Piétri** (Capitaine). Les Français au Niger. Voyages et Combats.

3503 **Plane** (Auguste). Le Pérou.

411 **Postel** (Raoul). En Tunisie et au Maroc.

416 — Sur les bords du Mé-Khong.

519 **Quatrelles.** Un Parisien dans les Antilles.

3194 **Quinet** (Mme Edgar). De Paris à Edimbourg.

262 **Radiguet** (Max). Souvenirs de l'Amérique Espagnole. Chili. Pérou. Brésil.

1876 **Reclus** (Arm.). Panama et Darien (Voyages d'exploration), 1876-1878.

1894 **Reclus** (Elisée). Voyage à la Sierra-Nevada de Sainte-Marthe.

4031 **Reclus** (Onésime). La France à vol d'oiseau. 2 vol.

533 **Revoil** (G.). Voyage au Cap des Aromates. Afrique Orientale.

78 **Reybaud** (Louis). Marines et Voyages.

265 **Rivière** (Henri). Souvenirs de la Nouvelle-Calédonie.

2269 **Rivoyre** (Denis de). Mer Rouge et Abyssinie.

2267 — Obock. Mascate. Bouchire. Bassorah.

502 — Les vrais Arabes et leur pays.

3228 **Robinet de Cléry.** En Tyrol.

2230 **Rousselet** (Louis). Les royaumes de l'Inde.

1884 **Rousset** (Léon). A travers la Chine.

2016 **Russel-Wallace** (A.). La Malaisie. Récits de voyages et études de l'homme et de la nature.

353 **Sand** (George). Un hiver à Majorque. Spiridion.

2139 **Sanderval** (Olivier de). De l'Atlantique au Niger par le Foutah-Djallon (Carnet de voyage).

4273 **Schuré** (Edouard). Sanctuaires d'Orient.

1852 **Schweinfurth** (George). Au cœur de l'Afrique.

2630 **Senior** (William-N.). La Turquie contemporaine.

2270 **Séréna** (Mme Clarla). Seule dans les Steppes.

2316 **Simonin** (L.). Le grand Ouest des Etats-Unis.

2033 — Le Monde américain. Souvenirs de mes voyages aux Etats-Unis.

684 **Soleillet** (Paul). Obok. Le Choa. Le Kaffa.

702 — Voyages et découvertes dans le Sahara et dans le Soudan.

2074 **Speke et Grant**. Les sources du Nil.

2110 **Taine** (H.). Voyage en Italie. 2 vol.

2067 — Voyage aux Pyrénées.

1379 **Teste** (Louis). L'Espagne contemporaine. Journal d'un voyageur.

2357 **Thomas-Anquetil**. Aventures et chasses dans l'Extrême-Orient. 3 vol.

646 **Thomson** (J.). Au pays des Massaï.

2025 — L'Indo-Chine et la Chine, récits de voyages.

458 **Trumelet** (Colonel). Les Français dans le désert. Journal d'une expédition aux limites du Sahara algérien.

926 **Tyndall** (John). Dans les montagnes.

976 **Vambéry** (Arminius). Voyage d'un faux derviche dans l'Asie centrale.

2952 **Vanderheym** (J.-G.). Une expédition avec le Négous Ménélik.

2014 **Vattemare** (H.). A travers l'Australie.

2015 — L'Amérique septentrionale et les Peaux-Rouges.

456 **Verne** (Jules). Histoire des grands voyages et des grands voyageurs. 4 vol.

2717 **Verschuur** (G.). Aux Antipodes.

2431 **Viard** (Ed.). Au Bas-Niger.

2024 **Vidal-Lablache** (Paul). Marco-Polo, son temps et ses voyages.

2450 **Weddell** (H.-A.). Voyage dans le Nord de la Bolivie.

2091 **Wey** (Francis). Dick Moon en France. Journal d'un Anglais.

3562 **Witte** (Jehan de). Des Alpes bavaroises aux Balkans.

1515 **Wogan** (Tanneguy de). Voyage du canot en papier le « Qui-Vive ».

1136 **Zürcher et Margollé**. Les ascensions célèbres aux plus hautes montagnes du globe.

V. — Littérature — Poésie — Théâtre

1° LITTÉRATURE FRANÇAISE, CRITIQUE LITTÉRAIRE

315 **About** (Edmond). Causeries. 2 vol.
3164 **Albalat** (A.). Le mal d'écrire.
1615 **Albert** (Paul). La littérature française des origines à la fin du xvi° siècle.
1613 — La littérature française au xvii° siècle.
2469 — La littérature française au xviii° siècle.
2485 — La littérature française au xix° siècle. 2 vol.
1606 — La poésie. Etudes sur les chefs-d'œuvre des poètes de tous les temps et de tous les pays.
1559 — Poètes et poésies.
1560 — La prose. Etudes sur les chefs-dœuvre des prosateurs de tous les temps et de tous les pays.
1547 — Variétés morales et littéraires.
1304 **Balzac** (H. de). Physiologie du mariage.
2902 **Banville** (Théodore de). Paris vécu (feuilles volantes).
4036 **Barine** (Arvède). Alfred de Musset.
2593 — Bernardin de Saint-Pierre.
2482 — Essais et fantaisies.
4289 — Poètes et névrosés.
2904 **Barrès** (Maurice). Sous l'œil des Barbares.
2883 **Bashkirtseff** (Marie). Journal. 2 vol.
3681 **Bazin** (René). Récits de la plaine et de la montagne.
449 **Bernard-Derosne** (L.). Types et travers.
700 **Bernardin de Saint-Pierre.** Etudes de la nature. 3 vol.
1008 — Œuvres choisies.
3641 **Berr** (Georges) et **Delbost** (René). Les trois dictions.
1602 **Bersot** (Ernest). Etudes et discours (1868-1878).
4002 **Bertaut** (Jules). Chroniqueurs et polémistes.
2048 — Au fond de mon carnier.
3023 **Biré** (Edmond). Victor Hugo après 1852.
3044 — Victor Hugo avant 1830.
1705 **Boileau.** Œuvres complètes. 2 vol.
944 **Boissier** (Gaston). Madame de Sévigné.
3858 **Bordeaux** (Henry). Passages romanesques
1757 **Bossuet.** Recueil des oraisons funèbres.

2922 **Bourget** (Paul). Etudes et portraits. 2 vol.

1675 **Brachet** (Aug.). Morceaux choisis des grands écrivains du XVIe siècle.

4436 **Brémont** (Léon). L'art de dire et le théâtre.

2960 **Breton** (Jules). Un peintre paysan. Souvenirs et impressions.

821 **Brillat-Savarin.** Physiologie du goût.

3666 **Brisson** (Ad.). L'envers de la gloire.

4000 **Brulat** (Paul). Histoire populaire d'Emile Zola.

1694 **Brunetière** (Ferdinand). Etudes critiques sur l'histoire de la littérature française.

4082 — L'évolution des genres dans l'histoire de la littérature.

4081 — L'évolution de la poésie lyrique en France au XIXe siècle. 2 vol.

4310 — Honoré de Balzac.

1990 — Nouvelles études critiques sur l'étude de la littérature française.

4376 **Buffenoir** (H.). Le prestige de J.-J. Rousseau.

1716 **Caro** (E.). La fin du XVIIIe siècle (Etudes et portraits). 2 vol.

2488 — George Sand.

2886 **Censure** (La) sous Napoléon III. (Rapports inédits et *in extenso*).

745 **Chabrier** (Alb.). Les orateurs politiques de la France.

3556 **Chapiseau** (F.). Le Folk-lore de la Beauce et du Perche. 2 vol.

413 **Charpentier** (J.-P.). La littérature française au XIXe siècle.

2119 **Charton** (Edouard). Le tableau de Cébès. (Souvenirs de mon arrivée à Paris).

1419 **Chasles** (Philarète). Mémoires. 2 vol.

1914 **Cherbuliez** (Victor). Etudes de littérature et d'art.

3001 **Chuquet** (Arthur). J.-J. Rousseau.

1394 **Clairon** (Mlle). Mémoires.

3058 **Claretie** (Léo). J.-J .Rousseau et ses amies.

4331 **Clemenceau** (G.). Les plus belles pages de Clemenceau.

1400 **Cléry.** Mémoires.

3429 **Colombey** (E.). Les causes gaies, avec préface et postface.

632 **Courrier** (P.-L.). Œuvres.

1603 **Crépet** (Eugène). Le trésor épistolaire de la France. 2 vol.

978 **Cyrano de Bergerac.** Histoire comique des Etats et Empires de la Lune et du Soleil.

3906 **Darmesteter** (A.) et **Hatzfeld** (A.). Le xvie siècle en France.

2688 **Dash** (Comtesse). Comment on fait son chemin dans le monde (code du savoir-vivre).

2694 — Les femmes à Paris et en province.

26 **Daudet** (Alph.). Trente ans de Paris (A travers ma vie et mes livres).

3986 **Dauphin-Meunier.** La comtesse de Mirabeau (1752-1800).

1550 **Deltour** (F.). Les ennemis de Racine au xviie siècle.

848 **Demogeot** (J.). Histoire de la littérature française depuis ses origines jusqu'à nos jours.

890 **Demoutier.** Lettres à Emilie sur la mythologie.

2923 **Deschamps** (Emile). Œuvres complètes 2 vol.

2410 **Deschanel** (Emile). Causeries de quinzaine.

203 — Le romantisme des classiques.

121 — Le romantisme des classiques. Pascal. La Rochefoucauld. Bossuet.

431 — Le romantisme des classiques. Racine 2 vol.

4280 **Deschanel** (Paul). A l'Institut.

817 **Diderot.** Œuvres choisies. 2 vol.

3055 **Doumic** (René). Les Jeunes. Etudes et portpraits.

2720 **Dubief** (E.). Le Journalisme.

3262 **Du Camp** (Maxime). Le crépuscule. Propos du soir.

959 **Dufour** (Th.). Lettres à Quinet sous l'Empire (1849-1866).

1170 **Dumas** (Alexandre). Causeries. 2 vol.

1169 — Mes mémoires. 10 vol.

1174 — Propos d'art et de cuisine.

2974 **Dumont** (Albert). Notes et discours (1873-1884).

908 **Egger** (E.). Histoire du livre, depuis ses origines jusqu'à nos jours.

639 **Esprit** des prosateurs anciens et modernes.

4071 **Fabre** (Ferdinand). Ma vocation.

2130 **Faugère** (P.). Fragments de littérature morale et politique. 2 vol.

943 **Fénelon.** Les aventures de Télémaque.

682 **Fontenelle.** Entretien sur la pluralité des mondes, augmenté des Dialogues des morts.

1748 **Fournel** (Victor). Ce qu'on voit dans les rues de Paris.

3621 **Gache** (F.). La rhétorique du peuple.

2039 **Gautier** (Théoph.). Caprices et zigzags.

3357 — Souvenirs de théâtre d'art et de critique.

509 — Tableaux de siège. Paris 1870-1871.

249 **Gay** (Sophie). Physiologie du ridicule.

3261 **Gebhart** (Emile). Au son des cloches. Contes et légendes.

1820 — Rabelais, la Renaissance et la Réforme.

1397 **Genlis** (Mme de). Souvenirs de Félicie.

3919 **Gérusez** (Eug.). Essais de littérature française.

2190 — Histoire de la littérature française depuis ses origines jusqu'à la Révolution. 2 vol.

2217 — Histoire de la littérature française pendant la Révolution.

1919 — Mélanges et pensées.

2154 **Gidel** (Ch.). L'art d'écrire enseigné par les grands maîtres.

708 — Histoire de la littérature française. 4 vol.

3208 **Gidel** (Ch.) et **Loliée** (F.). Dictionnaire manuel illustré des écrivains et des littératures.

4115 **Gille** (Ph.). La bataille littéraire (7e série).

4412 **Giraud** (Victor). Chateaubriand.

3687 — Essai sur Taine.

3997 **Glachant** (Victor). Benjamin Constant sous l'œil du guet.

3755 **Golberg** (Mécislas). Lazare le ressuscité.

580 **Gozlan** (L.). Balzac intime, Balzac en pantoufles, Balzac chez lui.

2714 **Gréard** (O.). Edmond Scherer.

2921 **Grenier** (Edouard). Souvenirs littéraires.

3573 **Gros** (J.-M.). Le mouvement littéraire socialiste depuis 1830.

3073 **Guillaumet** (G.). Tableaux algériens.

1759 **Hamilton.** Œuvres diverses. 4 vol.

2147 **Hatin** (Eugène). Théophraste Renaudot et ses « Innocentes inventions ».

3062 **Haussonville** (Comte d'). Lacordaire.

2317 **Heine** (Henri). Lutèce.

2315 — Poèmes et légendes.

4042 **Hennequin** (Em.). Quelques écrivains français.

3767 **Herriot** (Edouard). Précis de l'histoire des lettres françaises. 2 vol.

3508 **Hogier** (Hector). Paris à la fourchette. 3 vol.

514 **Houssaye** (Arsène). Histoire du 41e fauteuil de l'Académie française.

3482 **Hugo** (Victor). Le dernier jour d'un con-
damné. Claude Gueux.

183 — Littérature et philosophie mêlées. 2 vol.

3344 **Jhô Pâle**. Croquis parisiens.

1935 **Joliet** (Charles). Mille jeux d'esprit. 2 vol.

915 **Laboulaye** (E.). Paris en Amérique.

2051 **La Brière** (Léon de). Madame de Sévigné
en France.

2434 **Laffitte** (Paul). La parole.

4349 **Lanson** (Gustave). L'art de la prose.

4037 — Corneille.

4456 — Manuel bibliographie de la littérature
française (1500-1900). 2 vol.

4035 **Larroumet** (Gustave). Racine.

3106 **Lavedan** (Henri). Les petites visites.

2734 **Lavollée** (René). Essais de littérature et
d'histoire.

4074 **Leblond** (Marius-Ary). Leconte de Lisle.

3910 **Lecomte** (Georges). Les hannetons de Paris.

3496 **Legay** (Tristan). Victor Hugo jugé par son
siècle.

2391 **Legouvé** (Ernest). L'art de la lecture.

2388 — Conférences parisiennes.

2426 — La lecture en action.

4305 **Lemaître** (Jules). Racine.

2804 **Le Mansois-Duprey**. De Montmartre à
Montrouge.

2836 — L'esprit de Joseph Prudhomme.

2131 **Lenient** (C.). La satire en France ou la littérature militante au xvie siècle. 2 vol.

1945 — La satire en France au moyen âge.

3498 **Lesclide** (Mme Richard). Victor Hugo intime.

1397 **Lévis** (Duc de). Souvenirs et portraits.

1414 **Ligne** (Prince de). Correspondance et pensées.

1408 **Linguet**. Mémoires.

3105 **Loti** (Pierre). Figures et choses qui pas-
saient.

3310 — Reflets sur la sombre route.

2558 **Louandre** (Ch.). Chefs-d'œuvre des conteurs français après La Fontaine (xviiie
siècle).

2576 — Chefs-d'œuvre des conteurs français
avant La Fontaine (1050-1650).

2530 — Chefs-d'œuvre des conteurs français
contemporains de La Fontaine.

3723 **Louit** (Pierre). Quarante bêtes.

2943 **Mabilleau** (L.). Victor Hugo.

920 **Maistre** (X. de). Œuvres choisies.

4051 **Mallarmé** (Stéphane). Vers et prose, morceaux choisis.

1393 **Marmontel**. Mémoires.

604 **Maron** (Eug.). Histoire littéraire de la Révolution (Constituante-Législative).

3972 **Maugras** (Gaston). La Marquise de Boufflers et son fils le Chevalier de Boufflers.

474 **Merlet** (G.). Extrait des classiques français. 2 vol.

1851 **Michaut** (Narcisse). Eloge de Buffon.

870 **Michelet** (J.). L'Insecte.

536 — Ma jeunesse.

871 — L'Oiseau.

3609 **Michelet** (Mme J.). Les chats.

3757 **Mille** (Pierre). Sur la vaste terre.

3796 **Mistral** (Fr.). Mémoires et récits.

1394 **Molé**. Mémoires.

2402 **Monselet** (Ch.). Petits mémoires littéraires.

2984 **Montégut** (Em.). Esquisses littéraires.

2736 — Heures de lecture d'un critique.

1898 — Types littéraires et fantaisies esthétiques.

2006 **Montesquieu**. Œuvres complètes. 3 vol.

2793 **Morillot** (Paul). Le roman en France depuis 1610 jusqu'à nos jours.

803 **Musset** (Alfred de). Mélanges de littérature et de critique.

860 — Œuvres posthumes.

778 **Musset** (Paul de). Biographie d'Alfred de Musset. Sa vie et ses œuvres.

2600 **Noriac** (Jules). Le 101e régiment.

70 **Pange** (François de). Œuvres.

4417 **Paris** (Gaston). Légendes du moyen âge.

4418 — La littérature française au moyen âge.

4448 — La poésie du moyen âge. 2 vol.

1080 **Perdiguier** (Agricol). Maître Adam, menuisier de Nevers.

3967 **Poinsot** (M.-C.). Littérature sociale.

1394 **Préville**. Mémoires.

4092 **Quatrelles**. Lettres à une honnête femme sur les événements contemporains.

607 **Quinet** (Mme Edgar). Mémoires d'exil.

2551 **Rabelais** (F.). Œuvres.

2854 **Regnault** (Henri). Correspondance.

2712 **Reinach** (J.). Etudes de littérature et d'histoire.

266 **Renan** (E.). Souvenirs d'enfance et de jeunesse.

3328 **Revue rétrospective**. Recueil des pièces intéressantes et de citations curieuses (1885 à 1889). 11 vol.

4070 **Rod** (Edouard). L'affaire J.-J. Rousseau.

677 **Rousseau** (J.-J.). Les confessions.

2579 — Œuvres complètes. 13 vol.

911 **Rousseau** (J.-B.). Petits chefs-d'œuvre.

636 **Rozan** (Charles). Petites ignorances historiques et littéraires.

823 **Saint-Evremond**. Œuvres choisies.

2436 **Sainte-Beuve** (C.-A.). Nouveaux lundis.
13 vol.

311 — Premiers lundis, 3 vol.

4072 **Salomon** (Michel). L'esprit du temps.

366 **Sand** (George). Autour de la table.

360 — La coupe.

399 — Dernières pages.

402 — Histoire de ma vie. 4 vol.

386 — Impressions et souvenirs.

369 — Lettres d'un voyageur.

356 — Nouvelles lettres d'un voyageur.

357 — Questions d'art et de littérature.

390 — Les sept cordes de la lyre.

2386 **Sarcey** (Francisque). Le mot et la chose,

2595 **Sardou** (A.-L.). Petites erreurs et petites
ignorances.

2519 **Satire Ménippée** de la vertu du catholicon,
d'Espagne et de la tenue des estats de
Paris.

3645 **Séché** (Léon). Sainte-Beuve, son esprit, ses
idées, ses mœurs. 2 vol.

4021 **Sévigné** (Mme de). Lettres choisies.

2088 — Lettres de Madame de Sévigné, de sa
famille et de ses amis. 8 vol.

2753 **Simon** (Eugène). A la femme.

2459 **Sorel** (Albert). Montesquieu.

3046 **Spuller**. Lamennais, étude d'histoire politique et religieuse.

1417 **Staël** (Mme de). Mémoires.

4435 **Stapfer** (Paul). Récréations grammaticales
et littéraires.

3110 **Taine** (H.). Carnets de voyage. Notes sur
la province (1863-1865).

2811 — La Fontaine et ses fables.

3655 **Texte** (J.). J.-J. Rousseau et les origines du
cosmopolisme littéraire.

2246 **Theuriet** (André). Les enchantements de la
forêt.

2522 — Sous bois: impressions d'un forestier.

3394 **Thomas** (Colonel). A travers une époque.
Réflexions et souvenirs.

3393 — Au cours de la vie. Çà et là. Coups de
plume. Honneur et patrie. Souvenirs de
jeunesse.

1769 **Trois siècles** (les) de notre littérature ou
tableau de l'esprit de nos écrivains depuis
François Ier jusqu'en 1772. 3 vol.

2355 **Truan** (Henri). Les grands écrivains français.

656 **Turpin de Sansay**. Voltaire, sa vie et ses œuvres.

2257 **Vigny** (Alfred de). Journal d'un poète.

859 — Stello.

276 **Volney**. Les Ruines.

2515 **Voltaire**. Correspondance générale. 15 vol.

2514 — Mélanges. 9 vol.

2997 **Walckenaer** (C.-A.). Histoire de la vie et des ouvrages de J. de La Fontaine. 2 vol.

4046 **Wyzewa** (Téodor). Nos maîtres.

3545 **Ys** (René d'). Ernest Renan en Bretagne.

4311 **Zyromski** (Ernest). Sully-Prudhomme.

2° LITTÉRATURE ÉTRANGÈRE, CRITIQUE LITTÉRAIRE

1412 **Alfiéri** (Victor). Mémoires.

2896 **Alihé-Anoum**. Les musulmanes contemporaines.

2080 **Bossert** (A.). Gœthe et Schiller.

2081 — Gœthe, ses précurseurs, ses contemporains.

1971 — La littérature allemande au moyen âge.

1534 **Büchner** (Alexandre). Hamlet le Danois.

2127 **Byron** (Lord). Œuvres complètes. 4 vol.

2416 **Chateaubriand**. Essai sur la littérature anglaise.

2077 **Chauvin** (Victor). Les romanciers grecs et latins.

3316 **Cherbuliez** (Victor). Le prince Vitale.

2537 — Profils étrangers.

3101 **Cochin** (Henry). Boccace, études italiennes.

3022 **Croiset** (Maurice). Homère.

1981 **Cucheval** (Victor). Histoire de l'éloquence latine depuis l'origine de Rome jusqu'à Cicéron. 2 vol.

3769 **Deltour** (F.). Histoire de la littérature grecque.

3768 — Histoire de la littérature romaine.

1645 **Demogeot**. Histoires des littératures étrangères, méridionales et septentrionales. 2 vol.

3103 **Douglass** (F.). Mes années d'esclavage et de liberté.

874 **Dupuy** (Ernest). Les grands maîtres de la littérature russe au xixe siècle.

3779 **Duval** (G.). La vie véridique de William Shakespeare.

4298 **Emerson.** Pages choisies.

1596 **Etienne.** Histoire de la littérature italienne depuis ses origines jusqu'à nos jours.

107 **Feillet** (Alphonse). Histoire de la littérature grecque.

1915 **Filon** (Augustin). Histoire de la littérature anglaise depuis ses origines jusqu'à nos jours.

697 **Forgues** (E.-D.). Originaux et beaux esprits de l'Angleterre contemporaine.

2090 **Gebhart** (Emile). Les origines de la Renaissance en Italie.

793 **Gesner.** La mort d'Abel.

2063 **Girard** (Jules). Etudes sur l'éloquence attique. Lysias. Hypéride. Démosthène.

1394 **Goldoni.** Mémoires.

3468 **Gosse** (Edmond). Littérature anglaise..

2345 **Heine** (Henri). Allemands et Français.

2323 — De l'Allemagne. 2 vol.

2107 **Hugo** (Victor). William Shakespeare.

3611 **Joran** (Th.). Choses d'Allemagne.

2847 **Lamb** (Ch.). Essais choisis.

2972 **Léger** (Louis). Russes et Slaves. Etudes politiques et littéraires. 2 vol.

4379 **Maguelone** (Mlle G.). Lectures tirées de littératures étrangères.

504 **Mantegazza** (P.). Une journée à Madère.

1921 **Mézières** (A.). Hors de France. Italie. Espagne. Angleterre. Grèce moderne.

1855 **Montégut** (Emile). Essais sur la littérature anglaise.

1940 — Poètes et artistes de l'Italie.

4386 **Paleologue** (Maurice). Dante, essai sur son caractère et son génie.

1012 **Pellico** (Silvio). Mes prisons.

852 **Pierron** (Alexis). Histoire de la littérature grecque.

853 — Histoire de la littérature romaine.

490 **Pline le Jeune.** Lettres de Pline le Jeune, suivies de la Correspondance de Pline et de Trajan.

257 **Poe** (Edgar). Eurêka.

2861 **Quincey** (Thomas de). Confession d'un mangeur d'opium.

1960 **Ralston.** Contes populaires de la Russie.

3358 **Rod** (Edouard). Morceaux choisis des littératures étrangères.

881 **Roux** (Am.). La littérature contemporaine en Italie (1873-1883).

3097 **Saga** (La) **de Nial,** traduite par Rodolphe Dareste.

2878 **Saint-Augustin.** Les Confessions.

765 **Staël** (Mme de). De l'Allemagne.
3921 **Stapfer** (P.). Études sur Gœthe.
2358 **Sterne**. Tristram Shandy et le voyage sen-
timental. 2 vol.
592 **Tourgueneff** (J.). Œuvres dernières.
9 — Souvenirs d'enfance.
2926 **Vereschagin** (V.). Souvenirs. Enfance.
Voyage. Guerre.
3340 **Waliszewsky**. Littérature russe.
2036 **Wey** (Francis). Les Anglais chez eux,
suivi de Hogarth et ses amis, ou Londres
au siècle passé.

3° POÉSIES

2749 **Arckermann** (Mme). Œuvres.
2405 **Aicard** (Jean). Miette et Noré.
96 — Poèmes de Provence. Les cigales.
3969 **Amiel** (L.-R.). Sonnets.
3924 **Anthologie** des poètes français contemporains. 3 vol.
2755 **Aubert** (Oct.). Pour nos chers enfants.
Poésies de l'école et du foyer.
2903 **Baïf** (J.-A. de). Poésies choisies.
2433 **Banville** (Théodore de). Les cariatides. Les
stalactites. Le sang de la coupe. Rose de
Noël.
2429 — Les Exilés.
251 — Odes funambulesques. Occidentales.
Idylles prussiennes.
2194 — Petit traité de poésie française.
530 **Barbier** (Auguste). Iambes et poèmes.
4327 **Barratin** (A.). Heures de brume.
4088 **Baudelaire** (Charles). Les fleurs du mal.
966 **Béranger**. Le Béranger des familles.
967 — Œuvres posthumes. Dernières chansons (1834-1851). Ma biographie.
3524 **Blémont** (Em.). Les gueux d'Afrique.
974 **Boileau**. Œuvres.
2409 **Bornier** (Henri de). Poésies complètes.
2837 **Bouchor** (Maurice). Les chansons joyeuses.
2842 — Les poèmes de l'amour et de la mer.
3207 — Les symboles.
2400 **Bouilhet** (Louis). Melænis (conte romain).
3525 **Braisne** (H. de). Parmi le fer, parmi le
sang.
3522 — Rêve de gloire.
4016 **Breton** (Jules). Jeanne (poème).
1679 **Busquet** (Alfred). Le Poème des heures.
329 **Carcassonne** (A.). Pièces à dire.
2761 **Château** (F.). Sous l'abat-jour (poésies).

2813 **Châtenet** (Gustave). Les âges et rèveries d'outre-tombe.

43 **Chénier** (André). Œuvres poétiques. 2 vol.

3373 **Damedor** (A.). Traduction en vers.

1668 **Dante Alighieri**. La divine comédie.

2398 — L'Enfer.

492 **Daudet** (Alphonse). Les amoureuses.

3511 **Daxor** (René). Poésies martiales.

769 **Delavigne** (Casimir). Les Messéniennes. Chants populaires et poésies diverses.

422 **Delétant** (Aug.). Fables et contes en vers.

1261 **Delille** (J.). Les Géorgiques de Virgile.

845 — La pitié.

2334 **Dewailly** (Mme Amélie). Nos enfants.

2687 **Dorieux** (Mme G.). Poésies lyriques.

3893 **Dufour** (Ph.). Paris pittoresque et poétique.

3494 **Durel** (Pétrus). La Muse parlementaire.

3464 **Fabre** (J.). La chanson de Roland.

4024 **Faure** (Gabriel). Heures d'Ombrie.

965 **Fénelon**. Fables.

3717 **Fischer** (Dr H.). Les antiques à la mode du jour.

839 **Florian**. Fables, suivies de poésies choisies.

3846 **Foulon de la Vaulx** (André). L'accalmie.

3847 — Les floraisons fanées.

3849 — Le jardin désert.

3848 — Les lèvres pures.

3850 — Les vaines romances.

3381 **France** (Anatole). Poésies.

2658 **Gallet** (Louis). Patria. Moments de l'année 1870-1871.

2207 **Gautier** (Théophile). Emaux et Camées.

2356 — Poésies complètes. 2 vol.

23 **Girardin** (Mme Emile de). Poésies complètes.

2056 **Gœthe**. Hermann et Dorothée.

835 — Poésies.

3462 **Gourdon** (G.). Chansons de geste et poèmes divers.

3403 **Grandmougin** (Charles). Choix de poésies.

2897 — Rimes de combat.

3196 **Guyau** (M.). Vers d'un philosophe.

2689 **Hély** (Léon). Claires matinées.

2652 — L'écrin (sonnets).

4057 **Hérédia** (José Maria de). Les trophées.

798 **Homère**. L'Iliade.

762 — Odyssée et poèmes homériques.

1906 **Horace**. Œuvres.

217 **Hugo** (Victor). L'Année terrible.

320 — L'Art d'être grand-père.

750 **Hugo** (Victor). Les Chansons des rues et
    des bois.
321 — Les Châtiments.
841 — Les Contemplations. 2 vol.
581 — Les Enfants (le livre des mères).
964 — La Légende des siècles. 4 vol.
218 — Odes et ballades.
216 — Les Orientales.
840 — Les Orientales. Les Feuilles d'automne.
    Les Chants du crépuscule.
220 — Les Voix intérieures.
2520 — Les Evocations.
751 **Juvénal**. Satires. 2 vol.
833 — Les Satires.
2289 **Klopstock**. La Messiade.
2888 **Lafenestre** (G.). Idylles et chansons.
1871 **La Fontaine**. Fables.
792 — Fables et œuvres diverses.
922 **Lamartine** (A. de). La chute d'un ange.
968 — Jocelyn.
887 — Nouvelles méditations poétiques.
858 — Premières méditations pratiques. La
    mort de Socrate.
836 — Recueillements poétiques.
4058 **Laprade** (Victor de). Poèmes civiques.
4233. **Larroche** (Julien). Les voix du tombeau.
655 **Laurent-Pichat** (L.). Avant le jour.
2453 — Les réveils.
786 **Lebrun-Ecouchard**. Œuvres choisies.
961 **Le Carpentier**. Contes. — Fables.
993 **Leconte de Lisle**. Poèmes antiques.
986 — Poèmes barbares.
4087 — Poèmes tragiques.
843 **Legouvé** (Gabriel). Le mérite des femmes.
529 **Lemoyne** (André). Les charmeuses. Les
    roses d'antan. Paysages de la mer.
228 **Lonlay** (Eug. de). Chansons populaires.
2798 **Lucain**. La Pharsale.
786 **Malherbe**. Œuvres.
2055 — Œuvres poétiques.
4051 **Mallarmé** (Stéphane). Vers et prose (mor-
    ceaux choisis).
3715 **Masson** (Armand). Pour les quais.
3731 **Mérat** (Albert). Œuvres choisies.
3835 — Poèmes de Paris au fil de l'eau (1877-
    1880).
797 **Millaud** (Alb.). Petite Némésis.
1644 **Millevoye**. Poésies.
2416 **Milton**. Le paradis perdu.
2060 **Mistral**. Mireille.
4064 **Moréas** (J.). Les stances.
842 **Moreau** (Hégésippe). Œuvres.
541 **Murger** (Henry). Les nuits d'hiver.

963 **Musset** (Alfred de). Poésies choisies.
857 — Poésies nouvelles (1836-1852).
326 — Premières poésies (1829-1835).
3523 **Nagour** (Paul). Images et silhouettes.
2255 **Nibelungen** (Les).
2065 **Ossian.** Poèmes gaëliques.
787 **Ovide.** Les métamorphoses. 3 vol.
4290 **Pellissier** (G.). Anthologie des poètes fran-
    çais du xixᵉ siècle.
    çais du xixᵉ siècle (1800-1866).
1064 **Perdiguier** (Agricol). Le chansonnier du
    tour de France.
1063 — Chansons nouvelles du tour de France.
508 **Pétrarque** (François). Les Rimes.
2859 **Popelin** (Claudius). Poésies complètes.
1917 **Pouchkine** (Alexandre). Poèmes drama-
    tiques.
3575 **Privas** (X.). Chansons des enfants du peu-
    ple.
1787 **Racine.** La religion.
2920 **Rameau** (Jean). La vie et la mort.
3789 **Raynaud** (Ernest). La couronne des jours.
526 **Régnier** (Mathurin). Œuvres complètes.
846 **Renaud** (Armand). Les nuits persanes.
2890 **Rollinat** (Maurice). Dans les brandes.
2912 — Les névroses.
2574 **Ronsard** (P. de). Poésies choisies.
786 **Rousseau** (J.-B.). Poésies lyriques com-
    plètes et choix de ses autres poésies.
2661 **Ruffin** (Alf.). Poésies variées et nouveaux
    chats.
3642 **Samain** (Alb.). Au jardin de l'Infante.
791 **Schiller.** Poésies.
2643 **Scott** (Walter). Œuvres poétiques.
847 **Ségalas** (Mᵐᵉ Anaïs). Enfantines. Poésies
    à ma fille.
2931 **Shelley.** Œuvres poétiques complètes.
    3 vol.
3758 **Suffren de la Condamine** (Comte Ch.). Le
    bréviaire de la jeunesse. Souvenirs et
    regrets.
825 **Sully-Prudhomme.** Poésies (1865-1866).
    Stances et poèmes.
223 — Poésies (1866-1872).
2884 **Swinburne** (A.-C.). Poèmes et ballades.
794 **Tasse** (Le). La Jérusalem délivrée.
838 **Théocrite.** Idylles.
2840 **Theuriet** (André). Jardin d'automne.
294 **Vacquerie** (Auguste). Mes premières an-
    nées de Paris.
2874 **Valade** (Léon). A mi-côte.
2898 **Vicaire** (Gabriel). L'heure enchantée.

804 **Vigny** (Alfred de). Poésies complètes.
528 **Villon** (François). Œuvres complètes.
1758 **Virgile**. Œuvres. 2 vol.
789 **Voltaire**. Contes, satires, épîtres, poésies diverses.
2504 — Essai sur la poésie épique. La pucelle d'Orléans. Poèmes.
788 — La Henriade.
2503 — La Henriade. Satires. Poésies mêlées.
2505 — Odes. Stances. Épîtres. Contes.
3924 **Walch** (G.). Anthologie des poètes français contemporains. 3 vol.
4122 **Wils**. Autour d'un donjon.
3404 **Zidler** (G.). La légende des écoliers de France.

4° THÉÂTRE, CRITIQUE DRAMATIQUE

1654 **Aristophane**. Théâtre complet.
2277 **Augier**. Théâtre complet. 6 vol.
1302 **Balzac** (H. de). Théâtre. 2 vol.
782 **Beaumarchais**. Théâtre.
2909 **Becque** (Henry). Théâtre complet. 2 vol.
4339 **Bernheim**. Trente ans de théâtre.
2377 **Bornier** (H. de). La Fille de Roland.
3206 **Bouchor** (Maurice). Théâtre et poésie.
3901 — Théâtre pour les jeunes filles.
4436 **Brémont** (Léon). L'art de dire et le théâtre.
3857 **Brisson** (Adolphe). Le théâtre et les mœurs.
4073 **Brunetière** (Ferdinand). Les époques du théâtre français (1636-1850).
527 **Champfleury**. La Comédie de l'apôtre.
3191 **Conférences** faites aux matinées classiques du théâtre national de l'Odéon. 7 vol.
226 **Coquelin** (C.). Molière et le Misanthrope.
1589 **Corneille** (Pierre). Chefs-d'œuvre.
1704 — Œuvres complètes. 7 vol.
863 **Corneille** (P. et Th.). Théâtre choisi. 2 vol.
2879 **Corvin** (P. de). Le théâtre en Russie depuis ses origines jusqu'à nos jours.
4443 **Curel** (François de). L'invitée. Les fossiles.
3138 **Daudet** (Alphonse). L'obstacle.
2027 **Demogeot** (Jacques). Francesca de Rimini.
3391 **Deschamps** (Gaston). Marivaux.
1697 **Deschanel** (Émile). Étude sur Aristophane.
1590 **Despois** (Eugène). Le théâtre français sous Louis XIV.
2603 **Drack** (Maurice). La petiote.
3730 **Dreyfus-Brisac** (Edmond). Phèdre et Hippolyte ou Racine moraliste.

3725 **Dreyfus-Brisac** (Edmond). Plagiats et réminiscences ou le jardin de Racine.

3729 — Tartufe annoté, ou la muse de Molière.

1253 **Dumas** (Alexandre). Théâtre complet. 25 vol.

2578 **Dumas** (Alexandre fils). Théâtre complet. 8 vol.

947 **Erckmann-Chatrian**. L'ami Fritz.

1312 — La guerre.

865 **Eschyle**. Tragédie.

3869 **Euripide**. Théâtre.

2602 **Figuier** (Louis). Denis Papin.

1394 **Garrick**. Mémoires.

3237 **Gœthe**. Faust.

3920 — Théâtre.

4295 **Hervieu** (Paul). Le réveil. L'énigme.

3398 **Hugo** (Victor). Morceaux choisis.

196 — Théâtre. 4 vol.

709 — Théâtre complet.

4306 **Hugues** (Clovis). Les joujoux du théâtre.

1895 **Ibsen** (H.). Brand.

4266 — Le drame de la mer.

3227 — Jean-Gabriel Borkmann.

4052 — Le petit Eyolf.

4265 — Les soutiens de la société.

1027 **Jeudy** (Raoul). Types et scénarios des féeries et drames de Shakespeare.

2179 **Labiche** (E.). Théâtre complet. 10 vol.

6 **Larroumet** (G.). La comédie de Molière. L'auteur et le milieu.

4275 **Lavedan** (H.). Viveurs.

4371 **Lecomte** (L.-H.). Les Folies-Nouvelles.

1394 **Lekain**. Mémoires.

3890 **Lemaître** (Jules). Théâtre. 2 vol.

2465 **Lenient** (C.). La comédie en France au xviiie siècle. 2 vol.

3833 **Lintilhac** (Eug.). La comédie (moyen âge et Renaissance).

4382 — La comédie au xviiie siècle.

3326 — Conférences dramatiques (Odéon 1888-1898).

3607 — Le théâtre sérieux au moyen âge.

4439 **Mæterlink** (Maurice). Théâtre. 3 vol.

2591 **Marot** (G.). **Philippe** (Ed.). et **Marx** (L.). Casse-Museau.

4450 **Meilhac** et **Halévy**. Théâtre. 8 vol.

2555 **Mérimée** (P.). Théâtre de Clara Gazul, comédienne espagnole, suivi de « La Jacquerie » et de « La Famille Carvajal ».

25 **Méry**. Théâtre de salon.

3341 **Meurice** (Paul). Struensée.

1924 **Mézières** (A.). Contemporains et successeurs de Shakespeare.

1922 — Prédécesseurs et contemporains de Shakespeare.

1923 — Shakespeare. Ses œuvres et ses critiques.

2188 **Molière.** Œuvres complètes. 3 vol.

862 — Théâtre choisi.

325 **Musset** (Alfred de). Comédies et proverbes. 3 vol.

1430 **Ourliac** (Edouard). Théâtre du seigneur Croquignole.

1095 **Pailleron** (Ed.). Le dernier quartier. Le monde où l'on s'ennuie.

960 — La souris.

3226 **Parodi** (Alexandre). Le théâtre en France.

2096 **Patin.** Etudes sur les tragiques grecs. (Eschyle).

2097 — Etudes sur les tragiques grecs (Euripide). 2 vol.

2111 — Etudes sur les tragiques grecs (Sophocle).

2968 **Petit de Julleville** (L.). Le théâtre en France. Histoire de la littérature dramatique.

2125 **Plaute.** Comédies. 2 vol.

4268 **Poizat** (Alfred). Electre.

1067 **Ponsard** (François). L'honeur et l'argent.

2191 **Racine.** Œuvres complètes. 3 vol.

783 — Théâtre choisi.

2146 **Regnard.** Théâtre.

4269 **Rostand** (Edmond). L'Aiglon.

4270 — Cyrano de Bergerac.

383 **Sand** (George). Cadio.

384 — Théâtre complet. 4 vol.

389 — Théâtre de Nohant.

484 **Saynètes** et monologues (divers). 8 vol.

507 **Schiller.** Théâtre. 3 vol.

1983 **Sedaine.** Œuvres choisies.

4019 **Shakespeare** (W.). Œuvres dramatiques. 8 vol.

780 **Sophocle.** Théâtre. 3 vol.

4027 **Stoullig** (Edmond). Les annales du théâtre et de la musique. 2 vol.

3563 **Vacquerie** (A.). Jean Baudry.

2278 — Théâtre complet. 2 vol.

3705 — Tragaldabas.

1957 **Verconsin** (Eug.). Saynètes et comédies.

62 **Verne** (Jules) Un neveu d'Amérique ou les deux Frontignac.

3654 **Vesco** (E.). Comédies et saynètes.

796 **Vigny** (Alfred de). Théâtre complet.

2577 **Vitu** (Auguste). Les mille et une nuits du théâtre. 7 vol.
 850 **Voltaire**. Commentaires sur Corneille.
2513 — Commentaires sur Corneille. 2 vol.
 785 — Théâtre choisi.
2502 — Théâtre complet. 6 vol.
3742 — Théâtre. 5 vol.
2540 **Weiss** (J.-J.). Le théâtre et les mœurs.

VI. — Romans

1665 **About** (Edmond). Germaine.
305 — L'homme à l'oreille cassée.
316 — L'infâme.
299 — Madelon.
301 — Maître Pierre.
1554 — Le mari imprévu.
309 — Les mariages de Paris.
310 — Les mariages de province.
312 — Le marquis de Lanrose.
2487 — Le nez d'un notaire.
307 — Le roi des montagnes.
1676 — Le roman d'un brave homme.
302 — Tolla.
314 — Trente et Quarante. Sans dot. Les parents Bernard.
300 — Le Turco.
1628 — Les vacances de la comtesse.
2691 **Achard** (Amédée). Belle-Rose.
2675 — La cape et l'épée.
3871 — Le Clos-Pommier.
2695 — Les coups d'épée de M. de la Guerche.
2696 — Envers et contre tous.
2653 — La sabotière.
2727 — La toison d'or.
3772 **Adam** (Paul). Basile et Sophia.
3007 — La force du mal.
3975 **Aicard** (Jean). L'âme d'un enfant.
2913 **Aimard** (Gust.). Les bois-brûlés. 3 vol.
2478 — Le chercheur de pistes.
2489 — Le cœur de pierre.
2479 — Le cœur loyal.
2640 — Le commandant Delgrès.
4131 — Le grand chef des Aucas.
4132 — La loi de Lynch.
4147 — Le mangeur de poudre.
2494 — L'œil gris.
2456 — Les pirates des prairies.
2592 — Le vautour fauve.
1706 **Ainsworth** (W. Harrisson). Crichton. 2 vol
2906 **Alis** (Harry). Quelques fous.
4069 **Annunzio** (G. d'). L'intrus.
4039 — Le triomphe de la mort.
4141 **Arène** (Paul). Le canot des six capitaines
3166 — Le Midi bouge.
1691 **Arnould** (Arthur). Les trois poètes. Nouvelles.
2973 **Art Roë**. Papa Félix.
2999 — Racheté.

3012 **Art Roë**. Sous l'étendard.
4187 **Assollant** (Alf.). Les crimes de Polichinelle.
4134 — Deux amis en 1792.
4174 — Léa.
4223 — Un millionnaire.
4090 **Aubert** (Charles). La belle Luciole.
4210 — La marieuse.
4182 **Audebrand** (Philib.). Les mariages man-
     qués.
2722 **Auvray** (R.). Les gens d'Epinal.
3059 **Badin** (Adolphe). Minine et Pojarski.
1295 **Balzac** (Honoré de). Argow le Pirate.
1274 — Béatrix.
1301 — Les célibataires.
1265 — Le centenaire. 2 vol.
1282 — Les chouans ou la Bretagne en 1799.
1299 — Les contes drôlatiques. 3 vol.
1280 — Le contrat de mariage.
1288 — Le cousin Pons.
1272 — La cousine Bette.
1293 — Le curé de village.
1269 — Le député d'Arcis.
1266 — La dernière fée.
1263 — La dernière incarnation de Vautrin.
1296 — Dom Gigadas.
1307 — L'enfant maudit.
1277 — L'envers de l'histoire contemporaine.
     Z. Marcas.
1276 — Eugénie Grandet.
1271 — L'excommunié.
1279 — La femme de trente ans.
1273 — Grandeur et décadence de César Birot-
     teau.
1298 — L'héritière de Birague.
1289 — Histoire des Treize.
1264 — Honorine.
1300 — Illusions perdues. 2 vol.
1275 — L'israélite.
1294 — Jane la Pâle.
1286 — Jean-Louis.
1310 — Louis Lambert.
1262 — Le lys dans la vallée.
1285 — La maison du chat qui pelote.
1267 — La maison Nucingen.
1306 — Les Marana.
1297 — Le médecin de campagne.
1278 — Mémoires de deux jeunes mariés.
1283 — Modeste Mignon.
1287 — La paix du ménage.
1290 — Les Parisiens en province.
1291 — Les paysans.
1308 — La peau de chagrin.

1270 **Balzac** (Honoré de). Le père Goriot.
1303 — Les petites misères de la vie conjugale.
1305 — La recherche de l'absolu.
1292 — Les rivalités.
1281 — Splendeurs et misères des courtisanes
1311 — Sur Catherine de Médicis.
1309 — Une ténébreuse affaire.
1284 — Ursule Mirouet.
1268 — Le vicaire des Ardennes.
2832 **Barines et Moujiks.** Mœurs russes (anonyme).
3374 **Barrès** (Maurice). L'appel au soldat.
3376 — Les déracinés.
4105 **Bauquenne** (Alain). La belle Madame Vassart.
4312 **Bazin** (René). Le blé qui lève.
4297 — Les Oberlé.
3484 — La terre qui meurt.
3826 **Beautivet** (E.-G.). La maîtresse de Mazarin.
1019 **Beecher-Stowe** (Mistress). La case de l'oncle Tom.
4149 **Belot** (Ad.). Deux femmes.
3460 — Folies de jeunesse.
4165 — Hélène et Mathilde.
7 **Bernard** (Charles de). Gerfaut.
940 — Le nœud gordien.
56 — Le paratonnerre. La peine du talion. Le pied d'argile.
4136 — Le paravent.
1847 **Bernardin de Sant-Pierre.** Paul et Virginie.
3956 **Berthaut** (Léon). L'absente.
3013 **Bertheroy** (J.). Cléopâtre.
2990 — Ximénès.
114 **Berthet** (Elie). L'Andorre.
4140 — Le charlatan.
4160 — Sœur Julie.
3423 **Berthold** (Frédéric). Enigme fatale.
3422 — Passion moderne.
3959 **Bertrand** (P.). Toute la vie.
2608 **Biard** (Lucien). Benito Vasquez.
2628 — La terre tempérée. Scènes de la vie mexicaine.
4215 **Bibi-Tapin.** Contes d'un petit pioupiou.
3385 **Blaze de Bury** (Mlle). Un divorce royal. Anne Boleyn.
3995 **Bodin** (Marguerite). Les surprises de l'école mixte.
2833 **Bois sec refleuri** (Le). Roman coréen.
4189 **Bonnetain** (P.). Au large.
2895 — L'opium.
3033 **Boschot** (Ad.). Pierre Rovert.

3222 **Bourges** (Elémir). Sous la hache.
2907 **Bourget** (Paul). Cosmopolis.
3931 — Les deux sœurs. Le cœur et le métier.
2846 — Le disciple.
3400 — Le fantôme.
2908 — Mensonges.
3570 — Un divorce.
4198 **Bouvier** (Alexis). Colette.
4221 — Les petites ouvrières.
4168 — Monsieur Trumeau.
4008 **Boyer** (Dr P.). Mémoires d'un séquestré.
3185 **Brasseur** (Albert) et **Jourdain** (Frantz).
      Jean-Jean.
949 **Bréhat** (Alf. de). Le château de Villebon.
2204 **Brémer** (Mme Frédérika). Les filles du pré-
      sident.
2286 — Les voisins.
3269 **Bret Harte**. Contes du pays de l'or.
1034 **Broughton** (Miss). Comme une fleur.
3203 **Bujon** (Pierre). Karakow.
2684 **Bulgarine** (Th. de). Ivan Wyjighine ou le
      Gil Blas russe. 4 vol.
1543 **Bulwer Lytton** (Sir Edward). Les derniers
      jours de Pompéi.
3090 — Eugène Aram. 2 vol.
4142 **Cadol** (Edouard). Gilberte.
4218 **Cahu** (Théodore). Madame ou Monsieur.
4216 — La maîtresse du notaire.
4459 **Calonne** (Alph. de). Bérangère.
2970 **Candiani** (R.). Pougatcheff.
2527 **Célières** (Paul). Le chef-d'œuvre de papa
      Schmeltz.
3044 — Les deux idoles.
47 — Quand il pleut.
1721 **Cervantès Saavedra**. L'ingénieux hidalgo,
      Don Quichotte de la Manche. 2 vol.
3785 **Chandplaix** (Marc de). Louloute.
493 **Champfleury**. Chien-caillou.
540 — L'usurier Blaizot.
2427 **Chasles** (Philarète). Souvenirs d'un méde-
      cin. Le jeune médecin.
2421 — Souvenirs d'un médecin. Le médecin
      des pauvres.
2390 — Souvenirs d'un médecin. Le vieux mé-
      decin.
3186 **Chateaubriand**. Les martyrs. 2 vol.
827 — Les Natchez.
824 — Nouvelles. Atala. René. Le dernier des
      Abencérages. Les quatre Stuarts.
4157 **Chavette**. Aimé de son concierge.
4166 — La belle Alliette.
1538 **Cherbuliez** (Victor). Amours fragiles.

5

1699 **Cherbuliez** (Victor). Aventures de Ladislas
     Bolski.
1561 — Le comte Kostia.
2216 — La ferme du Choquard.
1686 — L'idée de Jean Téterol.
1563 — Méta Holdenis.
1700 — Miss Rovel.
1540 — Noirs et Rouges.
1564 — Paule Méré.
1595 — Prosper Randoce.
1614 — La revanche de Joseph Noirel.
1545 — Le roman d'une honnête femme.
1635 — Samuel Brohl et Cie.
2989 — Le secret du précepteur.
1513 — La vocation du prince Ghislain.
4159 — La ceinture de Clotilde.
3201 **Chtchédrine.** Nos petits Bismarcks.
4185 **Cladel** (Léon). Crête-rouge.
2956 **Claretie** (Jules). L'Américaine.
2965 — La cigarette.
1909 — La maîtresse.
4184 — La mansarde.
452 — Le million.
2978 — Monsieur le Ministre.
126 — Le prince Zilah.
2983 — Une femme de proie.
3238 **Clemenceau** (G.). Les plus forts.
4177 **Cœur** (Pierre). Appartement à louer.
923 — Contes algériens.
2134 **Collins** (Wilkie). Pauvre Lucile.
2659 **Comtesse Mourénine** (La).
3804 **Conscience** (Henri). La mère Job. La grâce
     de Dieu. La grand'mère.
2563 — Scènes de la vie flamande.
3241 **Conte** (Edouard). Les mal vus.
4219 **Cooper** (Fenimore). Bas-de-Cuir.
992 — Le bourreau de Berne. 2 vol.
994 — Le bravo. 2 vol.
1032 — Le dernier des Mohicans.
718 — L'espion.
4212 — La fille du sergent.
4217 — Longue-Carabine.
717 — Le pilote.
4202 — Le vieux trappeur.
3048 **Coppée** (François). Le coupable.
3074 **Coupey** (Augusta). Marielle.
4190 — L'orpheline du 41e.
2580 **Cristian.** Ma Lyre ou les mémoires d'un
     enfant russe.
1555 **Cummins** (Miss). L'allumeur de réverbères.
1631 — Mabel Vaughan.
1657 — La rose du Liban.
1718 **Currer-Bell** (Miss). Jane Eyre. 2 vol.

3417 **Dall** (G.). Nos humbles braves gens.

3083 **Danrit** (Capitaine). La guerre de forteresse. 2 vol.

3379 — La guerre en ballon. 2 vol.

3378 — La guerre en rase campagne. 2 vol.

3221 **Danrit** (Capitaine). et de **Pardillan**. Le journal de guerre du lieutenant Von Piefke. 2 vol.

2711 **Darmesteter** (Mme James). Marguerites du temps passé.

2321 **Daryl** (Philippe). Signe Meltroë (mœurs berlinoises).

2797 **Dash** (Comtesse). Comment tombent les femmes.

2395 **Daudet** (Alphonse). Aventures prodigieuses de Tartarin de Tarascon.

2150 — Contes du lundi.

66 — L'évangéliste.

2167 — Fromont jeune et Risler aîné.

191 — L'immortel.

2256 — Jack. 2 vol.

3781 — Lettres de mon moulin.

2271 — Le Nabab.

2208 — Numa Roumestan.

2852 — Le petit Chose.

538 — Robert Helmont.

2249 — Les rois en exil. 2 vol.

902 — Tartarin sur les Alpes.

1451 **Daudet** (Ernest). Les aventures de trois jeunes Parisiennes.

4197 — Le crime de Jean Malory.

4183 **Debans** (Camille). Guy de Saint-Guy.

4325 **Decker** (A.). et **Fabre** (A.). Le mystère de la maison grise.

3820 **Decourcelle** (Pierre). La môme aux beaux yeux.

3386 **Delécluze** (E.-J.). Dona Olimpia.

3904 **Deledda** (Grazia). Cendres.

3672 — Elias Portolù.

1096 **Delpit** (Albert). Disparu.

3425 — Toutes les deux.

4372 **Demesse** (Henri). La petite Fifi.

1950 **Demogeot** (Jacques). Deux souvenirs.

3669 **Descaves** (Lucien). Soupes.

3020 **Deschamps** (Gaston). Chemin fleuri.

4148 **Deslys** (Ch.). L'abîme.

4192 — Les Buttes-Chaumont.

4204 — Fanfan la Tulipe.

4207 — Le Mesnil-au-Bois.

4143 — Zingara.

177 **Dickens** (Charles). L'ami commun. 2 vol.

1010 — Aventures de M. Pickwick. 2 vol.

181 **Dickens** (Charles). Bleak-House. 2 **vol.**
918 — Contes de Nël.
192 — David Copperfield. 2 vol.
1006 — Dombey et fils. 3 vol.
176 — Les grandes espérances. 2 vol.
180 — Le magasin d'antiquités. 2 vol.
1640 — Le mystère d'Edwin Drood.
913 — Olivier Twist.
1046 — La petite Dorritt.
982 — Les temps difficiles.
1009 — Vie et aventures de Martin Chuzzle-
     witt. 2 vol.
178 — Vie et aventures de Nicolas Nickleby.
     2 vol.
916 **Dickens** (Ch.). et **Collins** (Wilkie). L'abîme.
4205 **Diguet** (Ch.). Secret d'alcôve.
1723 **Disraéli** (Benjamin). Endymion. 2 vol.
1709 — Lothair. 2 vol.
3465 **Djallil.** Mars en goguette.
3815 **Dombre** (Roger). Les millions du père
     Brosselard.
2632 **Dorian** (Tola). Ames slaves.
4044 **Dostoievsky** (Th.). Le Crime et le Châti-
     ment. 2 vol.
4045 — Les étapes de la folie.
3225 — Souvenirs de la maison des morts
4009 **Doucet** (Jérôme). Contes de haute-lisse et
     de la fileuse.
3783 **Droz** (Gustave). Entre nous.
3784 — Monsieur, Madame et Bébé.
2726 — Une femme gênante.
1242 **Dumas** (Alexandre). Acté.
1249 — Amaury.
1127 — Ange Pitou. 2 vol.
1108 — Ascanio. 2 vol.
1172 — Aventures de John Davys. 2 vol.
1160 — Le bâtard de Mauléon. 3 vol.
1250 — Black.
1251 — Les blancs et les bleus. 3 vol.
1244 — La boule de neige.
1231 — Bric-à-Brac.
1177 — Le capitaine Rhino.
1189 — Le capitaine Richard.
1241 — Le capitaine Pamphile.
1237 — Le capitaine Paul.
1239 — Catherine Blum.
1222 — Cécile.
1105 — Charles le Téméraire. 2 vol.
1217 — Le chasseur de sauvagine.
1119 — Le château d'Eppstein. 2 vol.
1112 — Le chevalier d'Harmental. 2 vol.
1129 — Le chevalier de Maison-Rouge. 2 vol.

1163 **Dumas** (Alexandre) Le Collier de la reine. 3 vol.
1248 — La colombe. Maître Adam le Calabrais.
1164 — Les compagnons de Jéhu. 3 vol.
1144 — Le comte de Monte-Cristo. 6 vol.
1142 — La comtesse de Charny. 6 vol.
1173 — La comtesse de Salisbury. 2 vol.
1135 — Conscience l'Innocent. 2 vol.
1158 — La Dame de Monsoreau. 3 vol.
3646 — La Dame de Volupté. 2 vol.
1161 — Les Deux Diane. 3 vol.
1232 — Les Deux Reines. 2 vol.
1120 — Les Confessions de la marquise.
1102 — Dieu dispose.
1137 — Le Docteur mystérieux. 2 vol.
1167 — Le drame de Quatre-vingt-treize. 3 vol.
1220 — Gabriel Lambert.
1199 — Les garibaldiens.
1197 — Georges.
1114 — La guerre des femmes. 2 vol.
1121 — Henri IV, Louis XIII et Richelieu. 2 vol.
1146 — Emma Lyonna. 5 vol.
1223 — La femme au collier de velours.
1139 — Les dames galantes. 2 vol.
1240 — Les Frères corses.
1228 — Le fils du forçat.
1192 — Filles, lorettes et courtisanes
1117 — La fille du marquis. 2 vol.
1224 — Fernande.
1123 — L'Ile de feu. 2 vol.
1225 — L'Horoscope.
1218 — Les hommes de fer.
1153 — Ingénue. 2 vol.
1109 — Isaac Laquedem. 2 vol.
1132 — Isabel de Bavière.
1122 — Ivanhoë. 2 vol.
1178 — Jacques Ortis. Les fous du docteur Miraglia.
1236 — Jane.
1221 — Jehanne la Pucelle.
1141 — Joseph Balsamo. 5 vol.
1155 — Les louves de Machecoul. 3 vol.
1134 — Madame de Chamblay. 2 vol.
1111 — La maison de glace. 2 vol.
1229 — Le maître d'armes.
1227 — Les mariages du père Olifus.
1113 — Mémoires d'un aveugle. Madame du Deffand. 2 vol.
1175 — Mémoires de Garibaldi. 2 vol.
1180 — Le meneur de loups.
1234 — Les mille et un fantômes.
1148 — Les Mohicans de Paris. 4 vol.
1185 — Napoléon.

1162 **Dumas** (Alexandre). Olympe de Clèves. 3 vol.
3661 — Le page du duc de Savoie. 2 vol.
1124 — Parisiens et provinciaux. 2 vol.
1140 — Le pasteur d'Ashburn. 2 vol.
1223 — Pauline et Pascal Bruno.
1238 — Le père La Ruine.
1106 — Le prince des voleurs. 2 vol.
1191 — La princesse Flora.
1103 — La princesse de Monaco. 2 vol.
1165 — Les Quarante-Cinq. 3 vol.
1126 — La reine Margot. 2 vol.
1125 — Robin-Hood le proscrit. 2 vol.
1200 — La route de Varennes.
1195 — Le Saltéador. 5 vol.
1149 — La San Félice. 4 vol.
1194 — Souvenirs d'Antony.
1159 — Souvenirs d'une favorite. 4 vol.
1181 — Les Stuarts.
1230 — Sultanetta.
1235 — Sylvandire.
1107 — La Terreur prussienne. 2 vol.
1183 — Le testament de M. de Chauvelin.
1128 — Les Trois Mousquetaires. 2 vol.
1188 — Le trou de l'enfer.
1190 — La tulipe noire.
1136 — Un cadet de famille. 3 vol.
1196 — Un Gil Blas en Californie.
1216 — Un pays inconnu.
1245 — Une aventure d'amour.
1193 — Une fille du Régent.
1184 — Une nuit à Florence.
1145 — Le Vicomte de Bragelonne. 6 vol.
1156 — Vingt ans après. 3 vol.
2531 **Dumas** (Alexandre) **Fils**. Affaire Clemenceau.
1210 — Antonine.
1208 — Aventures de quatre femmes et d'un perroquet.
1209 — La boîte d'argent.
1207 — La Dame aux Camélias.
1214 — Le docteur Servans.
1213 — Le Régent Mustel.
1211 — Sophie Printems.'
1201 — Tristan-le-Roux.
1203 — La vie à vingt ans.
3113 **Duruy** (Georges). Andrée.
4211 **Duval** (G.). Le tonnelier.
3495 **Edwards** (Miss Amélia B.). Histoire de Barbara. 2 vol.
4224 **Enault** (Etienne). Histoire d'une conscience.
1712 **Enault** (Louis). Le baptême du sang. 2 vol.

4222 **Enault** (Louis). Stella.
1337 **Erckmann-Chatrian**. L'ami Fritz.
1334 — Le blocus.
1317 — Le brigadier Frédéric.
1319 — Confidences d'un joueur de clarinette.
1329 — Contes de la montagne.
1328 — Contes des bords du Rhin.
1327 — Contes populaires.
1326 — Contes vosgiens.
1322 — Les deux frères.
1332 — Le grand-père Lebigre.
1315 — Histoire d'un conscrit de 1813.
1316 — Histoire d'un homme du peuple.
1338 — Histoire d'un paysan. 4 vol.
1320 — Histoire du plébiscite.
1324 — L'illustre docteur Mathéus .
1335 — L'Invasion.
1331 — Madame Thérèse.
1321 — La maison forestière.
1330 — Maître Daniel Rock.
1314 — Maître Gaspard Fix.
1323 — Souvenirs d'un ancien chef de chantier
à l'isthme de Suez.
1313 — Une campagne en Kabylie.
1325 — Les vieux de la vieille.
1333 — Waterloo (suite du Conscrit de 1813).
3567 **Etchegoyen** (d'). Contes de ma giberne.
2548 **Eyma** (Xavier). Les femmes du Nouveau-
Monde.
4267 **Fabre** (Emile). La maison d'argile.
477 **Fabre** (Ferdinand). L'abbé Tigrane.
2026 — Le chevrier.
2850 — Les Courbezon.
2050 — Julien Savignac.
1514 — Mon oncle Célestin.
4050 **Farrère** (Claude). L'homme qui assassina.
3830 **Faure** (Abel). La clef des carrières.
1845 **Ferry** (Gabriel). Costal l'Indien.
2248 — Le coureur des bois.
3063 **Fervacques**. Sacha.
1075 **Feuillet** (Octave). Monsieur de Camors.
774 — Le roman d'un jeune homme pauvre.
4144 **Féval** (Paul). Aimée.
3840 — Le capitaine Fantôme.
4214 — Le cavalier Fortune.
4152 — La cosaque.
2573 — Les habits noirs. 2 vol.
4175 — Le roman de minuit.
4106 — Secret mortel.
2940 **Filon** (Augustin). Amours anglaises.
2738 — L'élève de Garrick.
2885 **Flaubert** (Gustave). Bouvard et Pécuchet.

3877 **Flaubert** (Gustave). Madame Bovary.

1000 — Salammbô.

1007 **Foë** (Daniel de). Vie et aventures de Robinson Crusoé.

4278 **Fogazzaro** (A.). Un petit monde d'autrefois.

2806 **Fournier** (N.). Histoire d'un espion politique sous la Révolution, le Consulat et
l'Empire. 2 vol.

3933 **France** (Anatole). L'anneau d'améthyste.

3676 — Crainquebille.

680 — Le crime de Sylvestre Bonnard.

2590 — Jocaste et le chat maigre.

3293 — Le lys rouge.

3359 — Le mannequin d'osier.

4053 — Monsieur Bergeret à Paris.

3387 — Les opinions de M. Jérôme Coignard.

3235 — L'orme du mail.

3265 — La rôtisserie de la reine Pédauque.

4276 **Frapié** (Léon). La Boîte aux gosses.

3936 — L'écolière.

3994 — La Maternelle.

3903 — La proscrite.

3954 **Fraycourt** (P.). De la charrue à la pourpre.

4236 — Dupécus.

1025 **Gaboriau** (Emile). L'affaire Lerouge.

4397 — Les amours d'une empoisonneuse.

3825 — La clique dorée.

3143 — Les esclaves de Paris. 2 vol.

2985 — Les gens de bureau.

1014 **Galland**. Les Mille et une nuits. 2 vol.

1859 **Gautier** (Théophile). Le capitaine Fra-
casse. 2 vol.

92 — Nouvelles.

91 — Romans et contes.

1900 — Un trio de romans.

4429 **Gautier** (Judith). La conquête du Paradis.

3214 — Le dragon impérial.

3218 — Iskender.

2733 — La sœur du soleil.

29 **Gay** (Sophie). La comtesse d'Egmont.

962 — Le moqueur amoureux.

3671 **Geffroy** (Gustave). L'apprentie.

2597 **Genevay** (A.). La fin de l'esclavage aux
Etats-Unis. Franklin.

2823 **Germain** (Auguste). L'agité.

3500 **Germain** (Henry). Détresse maternelle.
2 vol.

3499 — Pêle-mêle.

3507 — Saltimbanque.

2399 **Gerstaecker** (F.). Les brigands des prairies.

642 **Gerstaecker** (F.). La maison mystérieuse.

93 — Le Peau-Rouge.

264 — Les pionniers du Far-West.

1652 — Une charmante habitation.

4010 **Ginisty** (P.). Vers la bonté.

2403 **Girardin** (Mme Emile de). La canne de M. de Balzac.

244 — Contes d'une vieille fille à ses neveux.

195 — Il ne faut pas jouer avec la douleur.

2417 — Le lorgnon.

2406 — Marguerite ou deux amours.

2423 — Monsieur le Marquis de Pontanges.

583 — Nouvelles.

547 — Le vicomte de Launay.

12 **Glouvet** (Jules de). Le berger.

3064 — La famille Bourgeois.

417 — Le forestier.

535 **Gobin** (A.). Pierre l'Abs.

2176 **Gœthe**. Les affinités électives.

1846 — Werther.

895 — Wilhelm Meister. 2 vol.

550 **Gogol** (Nicolas). Les âmes mortes. 2 vol.

1840 — Tarass Boulba.

3824 **Goncourt** (Edm. de). Les frères Zemganno.

2841 **Goncourt** (Edm. et J. de). Germinie Lacerteux.

2925 — Manette Salomon.

2892 **Goulin** (L.). Mavra, une heureuse erreur judiciaire.

4096 **Graux** (Gustave). Les amours d'un jésuite.

3281 **Grébauval** (A.). Le gabelou.

556 **Gréville** (Henry). Le mors aux dents.

2810 — Le passé d'une mère.

2870 **Grigorovitch** (Dimitri). Les parents de la capitale.

3520 **Guérin** (E.-L.). Les dames de la cour. 2 vol.

4137 **Guéroult** (Const.). Aventures cavalières.

938 **Guerrier de Haupt** (Marie). Marthe.

4209 **Guillemot** (Gabriel). Maman Chautart.

3576 **Guitton** (G.). Le fléau, une famille d'alcooliques.

3980 **Gyp**. Dans l'train.

3608 **Hager** (Nelly). Fils de la mer.

4208 **Hailly** (G. d'). Fleur de pommier.

3875 **Halévy** (Lud.). L'abbé Constantin

3876 — Criquette.

4161 **Halt** (Robert). Brave garçon.

4220 — Madame Frainex.

4100 **Hamilton**. Mémoires du chevalier de Grammont.

4433 **Hermant** (Abel). Eddy et Paddy.

4061 **Hermant** (Abel). Les grands bourgeois.
2868 **Hervieu** (Paul). L'Alpe homicide.
4056 — L'armature.
4055 — Flirt.
4059 — Peints par eux-mêmes.
4049 — Le petit duc.
2343 **Hoffmann.** Contes fantastiques.
4194 **Houssaye** (Arsène). La confession de Caroline.
 215 **Hugo** (Victor). Bug-Jargal.
 185 — Han d'Islande. 2 vol.
 194 — Les Misérables. 8 vol.
 186 — Notre-Dame de Paris. 2 vol.
 317 — Quatre-vingt-treize. 2 vol.
 712 — Les travailleurs de la mer. 2 vol.
4326 **Hugues** (Clovis). Le temps des cerises.
4441 **Huysmans** (J.-K.). En route.
4442 — Les foules de Lourdes.
 454 **Janin** (Jules). Le chemin de traverse. 2 vol.
4181 **Joliet** (Ch.). Bérangère.
4156 — La novice de Trianon.
4180 — Papiers de famille.
2739 **Karr** (Alph.). Les femmes.
1044 — La queue d'or.
1764 — Sous les Tilleuls.
2991 **Keary** (Miss Annie). L'Irlande il y a quarante ans.
4279 **Kipling** (Rud.). Capitaines courageux.
4287 — Le chat maltais.
4286 — Kim.
3822 **Kock** (H. de). Ma petite cousine.
1826 **Kompert** (Léopold). Nouvelles juives.
3463 **Korf.** Une agréable découverte.
3424 **Kraszewski** (I.-J.). Oulana.
3667 **Krains** (Hubert). Le pain noir.
2887 **Krestowsky.** Vériaguine.
1043 **Laboulaye** (Edouard). Contes et nouvelles.
3445 **La Brète** (J. de). Vieilles gens, vieux pays.
4086 **Lafage** (Léon). La chèvre de Pescadoire.
2344 **La Fayette** (Mme de). Romans et nouvelles.
3803 **Lafon** (Mary). La boîte d'or.
 930 **Lamartine** (Alph. de). Geneviève.
2114 — Graziella.
2098 — Raphaël.
1017 — Le tailleur de pierres de Saint-Point.
 83 **Lamber** (Juliette). Païenne.
2320 **La Landelle** (G. de). L'amour de Ninette.
4188 — Les femmes à bord.
4170 — Une haine à bord.
4135 **Lapointe** (Armand). Le roman d'un médecin.
4155 **Launay** (Alph. de). Mademoiselle Mignon.

2102 **Laurent-Pichat** (L.). Gaston.
3948 **Lavedan** (Henri). Le bon temps.
3892 **Lecomte** (Georges). Les cartons **verts.**
3895 — Les valets.
3724 **Legrand** (André). et **Chabrier** (Marcel). Le livre de Claude-Alexis Brodier.
3842 — Mangwa.
4040 **Lemaître** (Jules). Sérénus.
3827 **Lepage** (Aug.). La sirène de l'Argonne.
4095 **Leriche** (Henri). La soutane aux orties.
4262 **Lermontoff.** Un héros de notre temps.
331 **Lermontoff, Pouchkine, Von Wiesen**, etc. Choix de nouvelles russes.
3331 **Le Roux** (Hugues). Gens de poudre.
3487 **Leroy** (Ch.). Le colonel Ramollot.
1015 **Le Sage.** Le diable boiteux.
931 — Histoire de Gil Blas de Santillane.
4213 **Le Verdier** (H.). La faute d'Aimée.
3800 **Lichtenberger** (André). Line.
3799 — Mon petit Trott.
3976 — Notre Minnie.
3801 — La petite sœur de Trott.
3966 **Lorédan** (Jean). La peine de vivre.
830 **Loti** (Pierre). Aziyadé.
179 — Fleurs d'ennui.
4419 — Madame Chrysanthème.
197 — Le mariage de Loti.
198 — Mon frère Yves.
2740 — Pêcheur d'Islande.
3234 — Ramuntcho.
182 — Le roman d'un spahi.
912 **Macé** (Jean). Contes du petit château.
4323 **Maël** (Pierre). Cambriole.
4162 La maison hantée.
20 **Maistre** (Xavier de). Le lépreux de la cité d'Aoste.
4146 **Maizeroy** (René). La dernière croisade.
4196 — Souvenirs d'un officier.
2863 **Malot** (**Hector**). L'auberge du monde. 2 vol.
2930 — La belle Madame Donis.
4191 — Madame Oberlin.
4195 — Les millions honteux.
3444 — Miss Clifton.
2891 — Pompon.
498 — Romain Kalbris.
2181 — Sans famille. 2 vol.
4150 — Séduction.
1035 — Suzanne.
3782 — Un mariage sous le second Empire.
4193 — Une bonne affaire.
498 — Romain Kalbris.

946 Manzoni (A.). Les fiancés. 2 vol.

715 Maquet (Auguste). La maison du baigneur.

3239 Marguerite de Navarre. L'Heptaméron des nouvelles.

3219 Margueritte (Paul). L'eau qui dort.

4445 — La Faiblesse humaine.

3929 Margueritte (Paul et Victor). Le Prisme.

3402 — Une Epoque. 4 vol.

2802 Marmier (X.). En chemin de fer.

2035 — Les fiancés du Spitzberg.

3140 Masson-Forestier. Remords d'avocat.

2546 Mathieu d'Auriac (E.). Les marmottes parisiennes.

2950 Maupassant (Guy de). Bel-Ami.

3753 — Contes choisis.

3898 — Fort comme la mort.

3897 — Notre cœur.

1516 — Pierre et Jean.

2404 Mayne-Reid. Le doigt du destin.

1816 — Les Partisans.

1817 — La piste de guerre.

779 — La quarteronne.

2422 — Le roi des Séminoles.

3367 Mazé (Jules). Les petites Litte.

4178 Mendès (Catulle). Le cruel berceau.

4201 Pierre le véridique.

4186 — Le Roman rouge.

2542 Mérimée (P.). Carmen.

2559 — Chronique du règne de Charles IX.

2543 — Colomba.

2937 Mérouvel (Charles). Cœur de créole.

3845 — La fille sans nom.

4014 — Le péché de la générale.

3946 — La roche sanglante.

2474 Méry. La chasse au chastre.

4099 — Le château des trois tours.

3233 — Débora.

2516 — La Floride.

214 — La guerre du Nizam.

52 — Héva.

213 — La Juive au Vatican.

2721 Meunier (Mme Stanislas). Le roman du Mont Saint-Michel.

4176 Millanvoye (B.). et Etiévant (A.). Le petit bossu.

3155 Moinaux (Jules). Le Monsieur au parapluie.

3798 Montépin (Xavier de). Les filles du saltimbanque.

3823 — Les viveurs d'autrefois.

202 Montet (Joseph). Contes patriotiques.

3662 Moréas (Jean). Contes de la vieille France.

3818 **Morphy** (Michel). Mariage d'amour..

4359 — La mie aux baisers.

3817 — Mignon.

3805 — Les noces de Mignon.

2877 **Mouton** (Eugène). Contes.

2901 — Fantaisies.

2860 — Nouvelles.

3960 — Le supplice de l'opulence.

3312 **Mulé** (Antonin). La maison de **Jean Four-cat.**

4093 **Muller** (Eugène). La Mionette.

2654 **Murger** (Henry). Adeline Protat.

235 — Le dernier rendez-vous.

236 — Madame Olympe.

1039 — Le pays latin.

4154 — Le roman du capucin.

987 — Scènes de la vie de bohème.

4104 — Scènes de la vie de jeunesse.

801 **Musset** (Alfred de). La confession d'un enfant du siècle.

1072 — Contes.

806 — Nouvelles.

3384 **Musset** (P. de). Anne Boleyn. 2 vol.

327 — Lui et Elle.

4173 **Nadar.** Le miroir aux alouettes.

2290 **Nodier** (Charles). Contes fantastiques.

2310 — Nouvelles.

3643 **Ohnet** (Georges). Le chemin de la gloire.

4296 — Cœurs en deuil.

2676 — La comtesse Sarah.

4430 — La fille du député.

2327 — La grande marnière.

2268 — Lise Fleuron.

2209 — Le maître de forges.

2517 — Noir et rose.

71 — Serge Panine.

189 — Volonté.

4089 **O'Monroy** (Richard). Monsieur Mars et Madame Vénus.

999 **Ourliac** (Edouard). Nouvelles.

4199 **Peyrebrune** (G. de). Jean Bernard.

4179 — Les roses d'Arlette.

3298 **Pichot** (Am.). Un drame en Hongrie.

3637 **Pisemsky** (A.-F.). Le péché de vieillesse.

3263 **Poe** (Edgar). Aventures d'Arthur Gordon Pym.

4263 — Derniers contes.

2413 — Histoires extraordinaires.

250 — Nouvelles histoires extraordinaires.

4126 **Poitevin** (Mme Marie). Les Grancogné. Léogau.

3463 **Polévoï.** Lioudmila.

3807 **Pont-Jest** (René de). Aveugle.
4094 — Divorcée.
3643 **Pouchkine.** La fontaine de Baktschisaraï.
4432 **Pouvillon** (M.). Mademoiselle Clémence.
4068 **Prévost** (Abbé). Histoire de Manon Les-
    caut.
4063 **Prévost** (Marcel). Le domino jaune. Les
    palombes.
4293 — Femmes.
4060 — Le jardin secret.
4062 — Monsieur et Madame Moloch.
4303 — Pierre et Thérèse.
4011 **Prost** (Yvette). Salutaire orgueil.
2169 **Quatrelles.** A coups de fusil.
4434 **Rameau** (Jean). Yan.
3678 **Reibrach** (Jean). Les sirènes.
4416 **Renard** (J.). Le vigneron dans sa vigne.
4153 **Révillon** (Tony). L'exilé.
4164 **Reybaud** (Mᵐᵉ Charles). La dernière bohé-
    mienne.
1973 — Espagnoles et **Françaises.**
2401 **Reybaud** (Louis). César **Falempin.**
822 — Jérôme Paturot à la **recherche** de la
    meilleure des Républiques.
4177 — La vie à rebours.
4172 **Richebourg** (Emile). Les amours de village.
4203 — La belle Tiennette.
3322 **Richepin** (Jean). Contes de la décadence
    romaine.
3240 **Ritter** (William). Ames blanches.
510 **Rivière** (Henri). Pierrot. Caïn. L'envoûte-
    ment.
4054 **Robert** (Clémence). Le secret de maître
    André.
3141 **Robert** (L. de). Papa.
2871 **Rod** (Edouard). L'autopsie du docteur Z..
3765 — La course à la mort.
3766 — Le silence.
3162 **Rodenbach** (G.). Bruges-la-Morte.
4431 — La vocation.
932 **Rousseau** (J.-J.). La Nouvelle-Héloïse.
3432 **Rouvre** (Ch. de). Française du Rhin.
3679 **Rovetta** (G.). Mater Dolorosa.
36 **Sacher-Masoch.** Le cabinet noir de Lem-
    berg. L'Ilaü.
253 — Hadaska.
3289 — Les Prussiens d'aujourd'hui. 2 vol.
3027 — Sascha et Saschska. La mère de Dieu.
2851 **Sainte-Beuve.** Volupté.
1001 **Saïntine** (X.-B.). Picciola.
379 **Sand** (George). André.
371 — Antonia.

352 **Sand** (George). Le beau Laurence.

2792 — Les beaux messieurs de **Bois-Doré.**
2 vol.

378 — Césarine Diétrich.

365 — Le château de Pic-Tordu.

3264 — La comtesse de Rudolstadt. 2 vol.

401 — La confession d'une jeune fille. 2 vol.

377 — Constance Verrier.

3302 — Consuelo. 3 vol.

385 — Contes d'une grand'mère.

381 — Le dernier amour.

376 — La dernière Aldini.

397 — Les deux frères.

349 — Elle et Lui.

363 — La famille de Germandre.

370 — Flamarande.

395 — Francia.

393 — François le Champi.

351 — Indiana.

361 — Jacques.

372 — Jean de la **Roche.**

375 — Jean Zyska. Gabriel.

350 — Laura.

394 — Mademoiselle La Quintinie.

373 — Mademoiselle Merquem.

374 — Les Maîtres mosaïstes.

354 — Les Maîtres sonneurs.

362 — Malgré tout.

380 — La mare au diable.

448 — Le marquis de Villemer.

392 — Ma sœur Jeanne.

400 — Mauprat.

391 — Monsieur Sylvestre.

368 — Mont-Revêche.

367 — Nanon.

396 — Nouvelles.

2001 — Pauline.

1003 — La petite Fadette.

355 — Pierre qui roule.

387 — Tamaris.

364 — La tour de Percemont.

359 — L'Uscoque.

348 — Valentine.

388 — Valvèdre.

398 — La ville noire.

405 **Sand** (Maurice). Mademoiselle Azote.

404 — Mademoiselle de Cérignan.

403 — Miss Mary.

2911 **Sandeau** (Jules). Le docteur Herbeau.

1848 — Le jour sans lendemain. Olivier. Hélène
Vaillant.

158 — Madeleine.

2384 **Sandeau** (Jules). Mademoiselle de la Seiglière.
819 — Marianna.
2387 — Un début dans la magistrature.
2140 **Sardou** (V.). La perle noire.
4138 **Saunière** (Paul). Les écumeurs de rivières.
742 **Scott** (Walter). L'Abbé.
1050 — Anne de Geierstein.
1052 — L'antiquaire.
2647 — Charles le Téméraire.
1057 — Le château périlleux. La démonologie.
723 — Les chroniques de la Canongate.
1051 — Le comte Robert de Paris.
744 — La dame du lac.
1054 — Les eaux de Saint-Ronan.
722 — La fiancée de Lamermoor.
735 — Les fiancés.
734 — Guy Mannering.
1053 — Ivanhoë.
1055 — La jolie fille de Perth.
732 — Le jour de la Saint-Valentin.
969 — Kenilworth.
1056 — Le Monastère.
738 — Le nain noir.
740 — Péveril du Pic.
729 — Le Pirate.
1048 — La prisonnière d'Édimbourg.
1023 — Quentin Durward.
741 — Redgauntlet.
1049 — Rob-Roy.
736 — Rokeby.
733 — Le talisman.
724 — Waverley.
748 — Woodstock.
4139 **Second** (Albéric). La semaine des quatre jeudis.
3866 **Serao** (Mathilde). Après le pardon.
3776 **Sienkiewicz.** Quo Vadis ?
4113 **Solari** (Emile). La cité rebâtie.
3463 **Sollohoub.** Histoire de deux galoches.
3389 **Soulié** (Frédéric). Confession générale. 2 vol.
346 — Contes et récits de ma grand'mère.
2376 — Les drames inconnus. 4 vol.
342 — Le lion amoureux.
344 — Un été à Meudon.
347 — Un malheur complet.
345 — Un rêve d'amour.
343 — Le vicomte de Béziers.
937 **Souvestre** (Emile). Les derniers paysans.
763 **Staël** (Mme de). Corinne.
764 — Delphine.
4206 **Stapleaux** (L.). Le château de la rage.

2521 **Stendhal** (de). La Chartreuse de Parme.

2569 — Le rouge et le noir. 2 vol.

3674 **Stevenson** (R.). Saint-Yves.

237 **Sue** (Eugène). Clémence Hervé.

16 — La grande dame.

2570 — Le Juif-Errant. 4 vol.

2571 — Les mystères de Paris. 4 vol.

3275 **Suttner** (Baronne de). Bas les armes.

4411 **Taine** (H.). Etienne Mayran.

4163 **Talmeyr** (Maurice). Le grisou.

4277 **Theuriet** (André). Colette.

2564 — Le filleul d'un marquis.

491 — Madame Véronique.

2539 — Le mariage de Gérard, suivi de Une Ondine.

746 — Les œillets de Kerlay.

3945 — Le Refuge.

505 — Le secret de Gertrude.

4444 **Tillier** (Cl.). Mon oncle Benjamin.

4264 **Tinayre** (Marcelle). L'amour qui pleure.

4414 **Tinseau** (Léon de). Ma cousine Pot-au-feu.

3677 — Le secrétaire de Madame la duchesse.

1907 **Tissot** (Victor). et **Améro** (Const.). La Russie rouge.

548 **Tolstoï** (Léon). Anna Karénine. 2 vol.

549 — La guerre et la paix. 3 vol.

2038 **Topffer** (Rodolphe). Nouvelles genevoises.

2411 **Tourgnéneff** (I.). Dimitri Roudine.

2407 — Etranges histoires.

1980 — Mémoires d'un seigneur russe. 2 vol.

2394 — Nouvelles moscovites.

2151 — Pères et enfants.

3142 **Trotignon** (Lucien). Les hobereaux.

4288 **Twain** (Mark). Contes choisis.

2523 **Uchard** (M.). Mon oncle Barbassou.

3303 **Ulbach** (L.). Le mariage de Pouchkine.

4292 — Le tapis vert.

3712 **Valbel** (H.). Pour passer une heure.

4291 **Vandérem** (F.). Charlie.

3152 — Les deux rives.

3867 — La victime.

3377 **Vattier** (V.). Le bouquet de lin.

4307 **Veber** (Pierre). Les belles histoires.

2789 **Vignon** (Claude). Le mariage d'un sous-préfet. La statue d'Apollon.

1079 **Vigny** (Alfred de). Cinq-Mars.

2425 — Laurette ou le cachot rouge.

2428 — La veillée de Vincennes.

2430 — La vie et la mort du capitaine Renaud ou la canne de jonc.

942 **Voltaire.** Romans.

2512 — Romans.

2606 **Vonliarliarski**. Une grande dame.
3675 **Ward** (Mme Humphry). La fille de Lady
   Rose.
3673 **Wells** (H.-G.). Anticipations.
4065 — La guerre des mondes.
4066 — Miss Waters.
4067 — Les premiers hommes dans la lune.
4038 — Quand le dormeur s'éveillera.
4294 — Une histoire des temps à venir.
3418 **Wey** (Francis). Londres il y a cent ans.
2996 **Weyman** (Stanley). La maison du loup.
4261 **Wilde** (Oscar). Le crime de lord Arthur
   Savile.
4260 — Le portrait de Dorian Gray.
4410 **Wyzewa** (Téodor de). Contes chrétiens.
2335 **Zaccone** (Pierre). Les aventuriers de Paris.
4421 **Zobelitz** (H. de). Le journal d'une fille
   d'honneur.
4091 **Zola** (Emile). L'Assommoir.
2939 — La Débâcle.
3777 — La faute de l'abbé Mouret.
3038 — Lourdes.
3144 — Pages choisies.
4415 — Paris.
2953 — Le Rêve.
3018 — Rome.

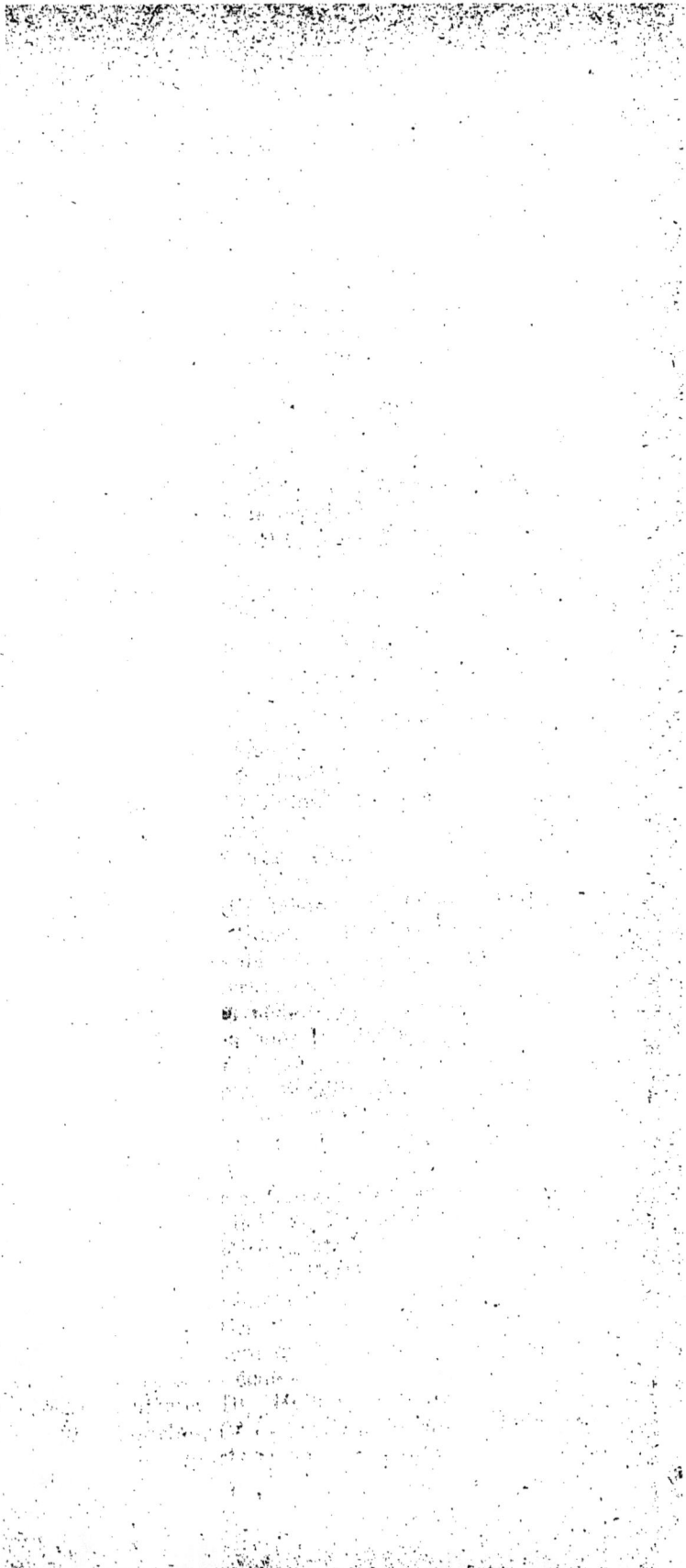

VII. — Éducation — Enseignement

3211 **Bain** (Alexandre). La science de l'éducation.
 473 **Berger** (B.). Cours de langue française.
1637 **Bersot** (Ernest). Questions d'enseignement.
2375 **Bescherelle** (aîné). Dictionnaire des verbes latins.
3325 **Beurdeley**. L'école nouvelle.
4393 **Binet** (Alf.). Les idées modernes sur les enfants.
1612 **Bouillier** (Francisque). L'Institut et les académies de province.
3993 **Bourgain** (M.-P.). Gréard, un moraliste éducateur.
 331 **Brachet** (Auguste). Grammaire historique de la langue française.
2089 **Bréal** (Michel). Excursions pédagogiques.
1527 — Mélanges de mythologie et de linguistique.
1575 — Quelques mots sur l'instruction publique en France.
 941 **Bruno** (G.). Francinet.
  37 **Carraud** (Mme Zulma). Les veillées de maître Patrigeon.
1959 **Chauvin** (Victor). Histoire des lycées et collèges de France.
 855 **Cocheris** (H.). Histoire de la grammaire.
1566 **Compayré** (Gabriel). Histoire critique des doctrines de l'éducation en France depuis le xvie siècle. 2 vol.
1747 **Conférences** pédagogiques. 3 vol.
3448 **Conférences** pour les adultes.
 633 **Corbon**. De l'enseignement professionnel.
3579 **Cornot** (Em.). et **Gillet** (E.). Le livre du certificat d'aptitude pédagogique. 2 vol.
2490 **Coubertin** (P. de). L'éducation anglaise en France.
2835 **Cuissart** (E.). Conférences pédagogiques.
  41 **Defodon** (Charles). Promenades à l'exposition scolaire de 1867.
 104 **Defodon** (Ch.) et **Ferté** (H.). Les expositions scolaires départementales de 1868.
3750 **Demeny** (G.). Guide du maître chargé de l'enseignement des exercices physiques dans les écoles.
4360 **Dufestel** (Dr). Hygiène scolaire.
 887 **Fénelon**. De l'éducation des filles. Dialogue des morts et opuscules divers.

3088 **Franklin** (Alf.). La vie privée d'autrefois. (Ecoles et collèges).

3620 **Gache** (F). L'éducation du peuple.

4446 **Gaultier** (Paul). La vraie éducation.

829 **Giraud**, De l'ambition de l'estime publique

3529 **Good** (Arthur). (Tom Tit). La science amusante. Cent expériences.

467 **Grand'homme** (Mlle). Coupe et confection des vêtements de femmes et d'enfants.

2493 **Gréard** (O.). Education et instruction. Enseignement primaire.

2492 — Education et instruction. Enseignement secondaire. 2 vol.

2491 — Education et instruction. Enseignement supérieur.

2702 **Guillaume** (J.). Pestalozzi.

3710 **Havette** (René). Bibliographie de la sténographie française.

340 **Hément** (Félix). Questions d'enseignement primaire et discours.

4350 **Herbart** (J.-F.). Comment élever nos enfants.

1903 **Hovelacque** (Abel). La linguistique.

4114 **Jacquin** (Etienne). La commune et les œuvres complémentaires de l'école.

4399 **Lanson** (G.). Etudes pratiques de composition française.

4398 — Principes de composition et de style.

3066 **Laurent** (Dr O.). Les Universités des Deux-Mondes.

2307 **Lhomme** (Charles). Code manuel des certificats, brevets, examens et concours de l'enseignement primaire.

3408 **Lucas** (Fr.). Aux instituteurs et institutrices de France. Suprêmes conseils.

4420 **Mariassy** (F.-W.). Aperçus de philologie française.

84 **Martin** (Aimé). Education des mères de famille. 2 vol.

3527 **Michel** (Alb.). De l'étude des langues.

4341 **Monzie** (A. de). Les réformes scolaires.

4348 **Mousset** (Ern.). Le Grand Prix cycliste de la Ville de Paris.

4242 **Paquier** (J.-B.). L'enseignement professionnel en France.

3224 **Parmentier** (J.). Histoire de l'éducation en Angleterre.

3716 **Passy** (Fr.). Les causeries du grand-père.

2052 **Pécaut** (Félix). Etudes au jour le jour sur l'éducation nationale (1871-1879).

40 **Pellissier** (A.). Précis d'histoire de la langue française.

2610 **Petit** (Edouard). Alentour de l'école. **Les** parents, les maîtres et les élèves.

3718 — L'école de demain.

2649 — L'école moderne.

4124 — La vie scolaire.

3752 **Petit** (Edouard). et **Lamy** (G.). Jean Lavenir. Livre de lectures courantes.

3819 **Poujol** (Ch.). Quelques jours en Amérique et à l'Exposition de Saint-Louis.

3532 **Récopé** (A.). Dix-huit ans chez les aveugles.

4111 **Roland** (Lieut M.). L'éducation patriotique du soldat.

637 **Rousseau** (J.-J.). Emile ou de l'éducation.

4355 **Sarcey** (Yvonne). La route du bonheur.

2611 **Sayous** (A.). Conseils à une mère pour l'éducation littéraire de ses enfants.

3928 **Schéfer** (P.). Dictionnaire des qualificatifs

471 **Schéfer** (Mme). Méthode de coupe et d'assemblage pour robes de femmes et vêtements d'enfants.

466 **Schéfer** (Mme) et **Amis** (Mlle). Travaux manuels et économie domestique à l'usage des jeunes filles.

335 **Schmit** (H.). L'organisation de l'enseignement primaire.

3197 **Séhé** (Désiré). Voyage d'agrément à travers l'Angleterre sportive.

1943 **Simon** (Jules). L'école.

3605 **Simyan** (Julien). L'œuvre de l'Université.

2252 **Smiles** (Samuel). Self-Help, ou Caractère, Conduite et Persévérance.

4352 **Spencer** (H.). L'éducation intellectuelle, morale et physique.

4116 **Spuller** (Eug.). Education de la démocratie.

3762 **Suptil** (A.-H.). 250 dictées à l'usage des élèves du cours moyen.

1752 **Thévenin** (Evariste). Entretiens populaires de l'association polytechnique. 8 vol.

2369 **Topart** (Ed.). Petit guide professionnel et commercial à l'usage des élèves des classes élémentaires.

4428 **Vannier** (A.). La clarté française. L'art de composer, d'écrire, de se corriger.

2371 **Vauchez** (Emmanuel). Manuel d'instruction nationale.

3087 **Vauclin** (N.). Les mémoires d'un instituteur français.

57 **Vessiot** (A.). De l'enseignement à l'école.

4403 **Vial** (Francisque). Les auteurs français du brevet supérieur (1910-1912).

VIII. — Sciences mathématiques
Mécanique

669 **Audiganne** (A.). François Arago, son génie et son influence.

3630 **Bourlet** (C.). Leçons de trigonométrie rectiligne.

2818 **Burat** (E.). Pièces de mécanique.

2834 **Canu** (F.). Précis de météorologie endogène.

1078 **Combe** (A.). Cours d'algèbre.

3628 **Comberousse** (Ch. de). Algèbre élémentaire.

3629 — Arithmétique.

2244 **Coupin** (Victor). Cours raisonné d'arithmétique commerciale.

2701 **Dallet** (G.). La prévision du temps et les prédictions météorologiques.

2743 **Dejonc** (E... La mécanique pratique.

2872 **Delaunay** (Ch.). Cours élémentaire d'astronomie.

705 **Fabre** (Henri). Le ciel.

2731 **Ferrière** (Em.). Les erreurs scientifiques de la Bible.

2030 **Flammarion** (Camille). Contemplations scientifiques.

1961 — Petite astronomie descriptive.

3091 **Franklin** (Alfr.). La vie privée d'autrefois. La mesure du temps.

3626 **Garcet** (H.). Eléments de mécanique.

2890 **Gérardin** (L.). La Terre.

2845 **Guillaume** (Ch.-E.). Unités et étalons.

455 **Guillemin** (Amédée). Le beau et le mauvais temps.

432 — Les comètes.

1963 — Les étoiles. Notions d'astronomie sidérale.

685 — La lune.

1962 — Les nébuleuses.

1256 — Le soleil.

2342 **Guy** (I.-G.). Guide pratique du géomètre arpenteur.

3627 **Hadamard.** Leçons de géométrie élémentaire. (Géométrie plane.)

4402 **Harang** (F.). et **Beaufils** (H.). Notions élémentaires de géométrie descriptive.

1862 **Hœfer** (Ferdinand). Histoire de l'astronomie depuis ses origines jusqu'à nos jours.

1863 **Hœfer** (Ferdinand). Histoire des mathématiques depuis leurs origines jusqu'au commencement du XIXᵉ siècle.

2839 **Houdaille** (F.). Météorologie agricole.

2928 **Louvernay.** Traité d'algèbre élémentaire.

3476 **Lebon** (Ernest). Histoire abrégée de l'astronomie.

1094 **Legendre** (A.-M.). Eléments de géométrie.

2333 **Leprince** (Paul). Principes d'algèbre.

2138 **Lottin** (E.). Manuel de lecture des plans déposés aux enquêtes.

3631 **Lucas** (Ed.). L'arithmétique amusante.

614 **Macé** (Jean). L'arithmétique du grand-papa.

2228 **Meunier** (Stanislas). La planète que nous habitons.

3614 **Neveu** (H.). Cours d'algèbre théorique et pratique.

3615 — Cours d'arithmétique théorique et pratique.

2175 **Ortolan** et **Mesta.** Guide pratique pour l'étude du dessin linéaire.

662 **Parchappe** (Dʳ M.). Galilée, sa vie, sa découverte et ses travaux.

3694 **Stroobant** (P.). Précis d'astronomie pratique.

4408 **Texier** (A.) et **Dutheil** (F.). Eléments de mécanique générale et appliquée.

3699 **Tissot** (A.). Précis de cosmographie.

618 **Tyndall** (John). La matière et la force.

2819 **Vacquant** (Ch.). Géométrie élémentaire à l'usage des classes de lettres.

2817 — Précis de trigonométrie.

2164 **Vinot** (Joseph). Calculs et comptes-faits à l'usage des industriels.

878 **Zurcher** (F.). Les phénomènes de l'atmosphère.

1491 **Zurcher** et **Margollé.** Les Météores.

IX. — Sciences physiques, chimiques et naturelles

1° SCIENCES PHYSIQUES ET CHIMIQUES

3396 **Angot** (A.). Traité de physique élémentaire.

706 **Bachoué** (Dr A. de). La chaleur.

3190 **Bourbouze** (J.-B.). Modes opératoires de physique.

1585 **Castillon** (A.). Récréations physiques.

1481 **Cazin** (Achille). La chaleur.

1503 — Les forces physiques.

4401 **Chappuis** (J.). et **Jacquet** (A.). Eéléments de physique.

3471 **Claude** (G.). L'électricité à la portée de tout le monde.

3353 De l'électricité, du magnétisme et de leurs applications.

2068 **Deleveau.** La matière et ses transformations.

2213 **Drapier** (M.). Guide pratique de minéralogie usuelle.

4085 **Duclaux** (E.). Pasteur; histoire d'un esprit.

957 **Fabre** (Henry). Physique.

882 **Faraday.** Histoire d'une chandelle.

2918 **Fauvelle** (Dr). La physico-chimie.

4454 **Ferber** (Capitaine). L'aviation.

2828 **Fernet** (E.). Cours élémentaire de physique.

2105 **Figuier** (Louis). L'alchimie et les alchimistes.

1088 **Fonvielle** (W. de). Le monde des atomes.

572 — Le pétrole.

4453 **Girard** (E.). et **Rouville** (A. de). Les ballons dirigeables.

2553 **Guignet** (C.-E.). Les couleurs.

1911 **Guillemin** (Amédée). La lumière et les couleurs.

2719 — La neige, la glace et les glaciers.

2092 — Le son.

3693 **Jaubert** (George). Matières odorantes artificielles.

4070 **Joly** (A.). et **Lespieau** (R.). Cours élémentaire de chimie. 3 vol.

3009 — Manipulations chimiques.

122 **Joubert** (F.). Vauquelin.

2210 **Laffineur** (Jules). Hydraulique et Hydrologie.

4319 **Lapparent** (A. de). Précis de minéralogie.

2822 **Lejeal** (A.). L'aluminium, le manganèse, le baryum, le calcium et le magnésium.

3808 **Lévy** (Albert). Curiosités scientifiques.

170 **Liebig** (Justus). Chimie appliquée à la physiologie végétale et à l'agriculture.

1100 — Manuel pour l'analyse des substances organiques.

1448 **Marion** (F.). L'optique.

1465 **Marzy** (E.). L'hydraulique.

3695 **Métral** (P.). Cours de physique pour l'enseignement primaire supérieur.

1498 **Moitessier** (A.). L'air.

1495 — La lumière.

4427 **Monier** (E.). La télégraphie sans fil, la télémécanique et la téléphonie sans fil.

2275 **Noguès** (A.-F.) Guide pratique de minéralogie appliquée.

324 **Pizzetta** (J.). Le feu et l'eau.

1439 **Radau** (R.). L'acoustique.

2022 **Tissandier** (Gaston). Causeries sur la science.

1431 — L'eau.

2497 — La navigation aérienne, l'aviation et la direction des aérostats dans les temps anciens et modernes.

2857 — La physique sans appareils et la chimie sans laboratoire.

3770 **Troost** (L.). et **Péchard** (Ed.). Traité élémentaire de chimie.

3132 **Truchot** (C.). L'ammoniaque. Nouveaux procédés de fabrication.

665 **Tyndall** (John). Faraday inventeur.

2824 **Weiss** (Paul). Le cuivre.

1867 **Wurtz** (Ad.). Histoire des doctrines chimiques depuis Lavoisier jusqu'à nos jours.

2° SCIENCES NATURELLES

2706 **Acloque** (A.). Les champignons.

2418 **André** (Emile). Les fourmis.

2707 **Bernard** (Claude). La science expérimentale.

2202 **Bert** (Paul). Leçons, discours et conférences.

3633 **Besson** (E.). Leçons d'anatomie et de physiologie animales.

3634 — Leçons d'anatomie et de physiologie végétales.

2588 **Beudant** (F.-S.). Géologie.

2589 — Minéralogie.

955 **Blanchard** (Émile). Histoire des insectes. 2 vol.

1479 **Bocquillon** (Emile). La vie des plantes.

4084 **Bonnier** (Gaston). et **Leclerc du Sablon**. Cours de botanique.

3943 **Bonnier** (Gaston). L'enchaînement des organismes.

698 **Boubée** (Nérée). Géologie élémentaire.

1452 **Brévans** (A. de). La migration des oiseaux.

4440 **Brucker** (E.). Initiation zoologique.

4353 **Buchner** (L.). L'homme selon la science.

696 **Buffon**. Œuvres choisies. 2 vol.

2396 **Capus** (Guillaume). L'œuf chez les plantes et les animaux.

3361 **Costantin** (J.). La nature tropicale.

3664 — Les végétaux et les milieux cosmiques.

2741 **Couvreur** (E.). Le microscope.

690 **Cuvier**. Discours sur les révolutions du globe.

867 **Cuvier** (F.). et **Dumézille**. Histoire naturelle.

4026 **Darwin** (Ch.). La descendance de l'homme et la sélection sexuelle.

1531 **Demoulin** (Mme G.). Les animaux étranges.

3632 **Desplats** (V.). Botanique.

1497 **Dieulafait** (Louis). Diamants et pierres précieuses.

4085 **Duclaux** (E.). Pasteur; histoire d'un esprit.

4272 **Fabre** (J.-H.). Souvenirs entomologiques.

3689 — Zoologie.

953 **Fairmaire** (L.). Faune élémentaire des coléoptères de France.

4406 **Faupin** (E.). Les champignons comestibles et vénéneux.

2083 **Franklin** (Dr Jonathan). La vie des animaux. I. Mammifères. 2 vol.

2084 — La vie des animaux. II. Oiseaux.

2085 — La vie des animaux. III. Reptiles.

2086 — La vie des animaux. IV. Poissons, mollusques.

2087 — La vie des animaux. V. Le monde des métamorphoses.

2827 **Gérardin** (L.). Les bêtes. Éléments de zoologie.

2826 — L'homme. Éléments de physiologie, d'hygiène, de préhistoire et d'ethnographie.

2829 — Les plantes. Éléments de botanique.

2781 — Dictionnaire raisonné de botanique.

1508 **Girard** (Jules). Les plantes étudiées au microscope.

1489 **Girard** (Maurice). Les métamorphoses des insectes.

2709 **Girod** (Dr P.). Les sociétés chez les animaux.

2160 **Grimard** (Ed.). Manuel de l'herboriseur.

4145 **Gros** (Jules). L'homme fossile.

2227 **Hément** (Félix). Les infiniment petits.

318 — Premières notions d'histoire naturelle.

3364 **Herzen.** Causeries physiologiques.

1861 **Hœfer** (Ferdinand). Histoire de la botanique, de la minéralogie et de la géologie.

1925 — Histoire de la zoologie.

175 **Humboldt** (Alex de). Tableaux de la nature. 2 vol.

1022 **Huxley.** Premières notions sur les sciences.

209 — Les sciences naturelles et les problèmes qu'elles font surgir.

4338 **Lamarck.** Phylosophie zoologique.

1470 **Landrin** (Armand). Les monstres marins.

479 **Lanessan** (J.-L. de). La botanique.

4320 **Lapparent** (A. de). Abrégé de géologie.

2779 **Leclerc du Sablon.** Lectures scientifiques.

4300 **Le Dantec** (F.). Les influences ancestrales.

1351 **Létourneau** (Dr Ch.). La biologie.

323 **Lubbock** (Sir John). De l'origine et des métamorphoses des insectes.

332 — Les insectes et les fleurs sauvages.

905 **Macé** (Jean). Histoire d'une bouchée de pain.

906 — Les serviteurs de l'estomac.

3414 **Maillard** (Abbé). Le petit entomologiste collecteur au nord de Paris.

1447 **Marion** (Fulgence). Les merveilles de la végétation.

1467 **Ménault** (Ernest). L'amour maternel chez les animaux.

1462 — L'intelligence des animaux.

3210 **Meunier** (Stanislas). La géologie comparée.

108 — Géologie technologique.

2093 **Meunier** (Stanislas Mme). L'écorce terrestre.

3864 **Meunier** (Victor). Les ancêtres d'Adam. Histoire de l'homme fossile.

128 — Les animaux à métamorphoses.

872 — La philosophie zoologique.

3230 — Scènes et types du monde savant.

4351 **Pargame** (J.-M.). Origine de la vie.

689 **Pascal** (Louis). Etude géologique du Velay.

2467 **Pérez** (J.). Les abeilles.

4078 **Perrier** (Rémy). Cours élémentaire de zoologie.

2713 **Quatrefages** (A. de). Les pygmées.

287 — La race prussienne.

1966 **Rendu** (Victor). Mœurs pittoresques des insectes.

1932 **Reynaud** (Jean). Histoire élémentaire des minéraux usuels.

 875 **Rousseau** (L.). Les habitations merveilleuses.

2782 **Sachs** (J.). Physiologie végétale.

1773 **Saint-Germain-Leduc.** Serviteurs et commensaux de l'homme.

3727 **Société préhistorique de France.** Manuel des recherches préhistoriques.

1487 **Sonrel** (L.). Le fond de la mer.

1434 **Tissandier** (G.). Les fossiles.

1902 **Topinard** (Paul). L'anthropologie.

3337 — L'anthropologie et la science sociale.

4080 **Trabut** (L.). Précis de botanique médicale.

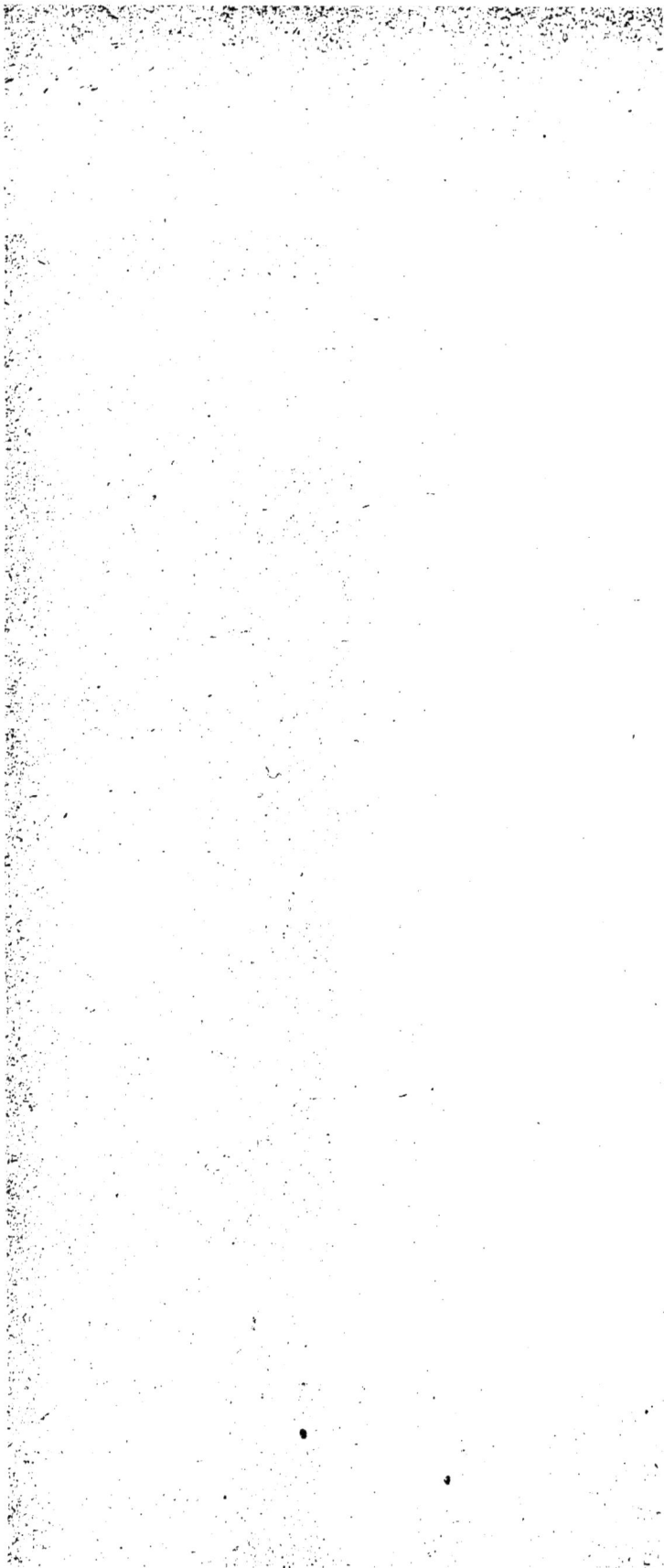

X. — Agriculture — Industrie Commerce

1° AGRICULTURE

4304 **Baltet** (G.). La pépinière fruitière, forestière, arbustive, vigneronne et coloniale.

4317 **Bellair** (G.). Les arbres fruitiers.

3938 — Traité d'horticulture pratique.

4315 **Berger** (E.). Les plantes potagères et la culture maraîchère.

4316 **Bois** (D.). Le petit jardin.

1099 **Bonjean** (M.). Conservation des oiseaux. Leur utilité pour l'agriculture.

1609 **Calemard de la Fayette** (Ch.). L'agriculture progressive à la portée de tout le monde.

4018 **Cardot** (E.). Manuel de l'arbre.

4455 **Chargueraud** (A.). Traité des plantations d'alignement et d'ornement.

2263 **Courtois-Gérard**. Manuel pratique de jardinage.

811 Du rôle des femmes dans l'agriculture.

4117 **Forestier** (P.-J.-C.). Les gazons.

2079 **Frarière** (A. de).. Les abeilles et l'agriculture.

2954 **Heuzé** (G.). La petite culture agricole légumière et fruitière.

94 **Le Pelletier** (Emile). Manuel des vices rédhibitoires des animaux domestiques.

3984 **Loth** (Gaston). La Tunisie et l'œuvre du protectorat.

3215 **Mandat-Grancey** (E. de). Chez John Bull. Journal d'un rural.

3698 **Maumené** (Albert). L'ornementation florale des jardins.

166 **Odart** (Alex). Ampélographie universelle ou traité des cépages les plus estimés.

4426 **Petit** (M.-A.). Principes généraux de la culture des plantes en pots.

4234 **Preux** (L.). La force et la lumière à la ferme et dans la petite industrie.

4377 **Raux** (Marcel). Le régime administratif et juridique de la pêche fluviale.

1967 **Rendu** (Victor). Culture des plantes.

1982 — Les insectes nuisibles à l'agriculture, aux jardins et aux forêts de la France.

3908 **Sabatier** (P.). Leçons élémentaires de chimie agricole.

3907 **Schlœsing** (Th. fils). Principes de chimie agricole.

2324 **Serigne** (V.). Maladies de la vigne.

181 **Vogt** (Carl). Leçons sur les animaux utiles et nuisibles.

2° INDUSTRIE

4330 **Armengaud** jeune (J.). Le problème de l'aviation.

171 **Babbage** (Ch.). Traité sur l'économie des machines des manufactures.

3940 **Baudry de Saunier** (L.). Éléments d'automobile.

3930 — Manuel pratique de la bicyclette.

3939 — Les recettes du chauffeur.

277 **Bernoville**. Rapport sur les tissus.

4318 **Blancarnoux** (P.). Aide-mémoire du mécanicien et de l'électricien.

2875 **Bourlet** (C.). Traité des bicycles et bicyclettes.

3189 **Brants** (Victor). La petite industrie contemporaine.

2360 **Brun** (J.). Guide pratique pour reconnaître les fraudes et maladies du vin.

480 **Camus** (P.). et **Dalle** (V.). Rapport d'ensemble de la délégation parisienne ouvrière indépendante à l'exposition d'Anvers en 1885.

3395 **Carol** (Jean). La Nouvelle-Calédonie minière et agricole.

3370 **Catalogue officiel** de la section belge à l'exposition de 1900.

2715 **Cazeneuve** (P.). La coloration des vins par les couleurs de la houille.

438 **Chalain** (Louis) et **Gruhier** (Ch.). Rapport d'ensemble de la délégation nationale ouvrière à l'Exposition universelle d'Amsterdam en 1883.

2881 **Croneau** (A.). Construction du navire.

1599 **Dary** (Georges). L'homme au fond de la mer.

3244 **Deiss** (Edouard). A travers l'Angleterre industrielle et commerciale.

2222 **Delon** (C.). Histoire d'un livre.

657 **Desclosières** (G.). Vie et inventions de Philippe de Girard.

3692 **Dibos** (M.). Le scaphandre, son emploi.

7

3952 **Doucet** (Robert). Doit-on aller aux colonies ?

2318 **Dubief.** Traité de la fabrication des liqueurs françaises et étrangères sans distillation.

3688 **Equevilley** (R. d'). Les bateaux sous-marins et les submersibles.

101 **Ernouf** (Baron). Deux inventeurs célèbres. Philippe de Girard. Jacquard.

1688 — Histoire de trois ouvriers français : Richard-Lenoir, Abraham-Louis Bréguet, Michel Brézin.

1658 — Les inventeurs du gaz et de la photographie.

4454 **Ferber** (Capitaine). L'aviation.

2780 **Figuier** (Louis). L'année scientifique (1875, 1876, 1877, 1881, 1882). 5 vol.

2361 — L'art de l'éclairage.

441 **Flachat** (Eug.). Les chemins de fer en 1862 et en **1863**.

3873 **Fleury.** Traité encyclopédique de la peinture industrielle.

1869 **Fonvielle** (Wilfrid de). La pose du premier câble.

3896 **Fournier** (H.). Traité de la typographie.

3550 **Frick** (P.). Le verre.

3531 **Galine** (L.). et **Saint-Paul** (B.). Eclairage. Huiles, alcool, gaz, électricité. Photométrie.

3684 **Geymet.** Traité pratique de photographie.

4453 **Girard** (E.). et **Rouville** (A. de). Les ballons dirigeables.

4001 **Guibaud** (Henri). Guide élémentaire théorique et pratique du wattman et receveur.

54 **Guillemin** (A.). Les machines à vapeur et à gaz.

2825 **Hospitalier** (E.). Recettes de l'électricien.

3874 **Husson** (François). Manuel du serrurier.

3534 **Industrie** (L') du chiffon à Paris.

3922 **Jacquemart** (P.). et **Bois** (J.-F.). L'industrie de nos jours.

2867 **Jacquet** (Louis). La fabrication des eaux-de-vie.

2340 **Jaunez** (A.). Manuel du chauffeur.

2843 **Joubert** (J.). Traité élémentaire d'électricité.

242 **Kleine** (E.). Les richesses de la France.

3635 **Koulomzine** (A.-N. de). Le Transsibérien.

672 **Labouchère** (A.). Oberkampf. 1738-1815).

3098 **Laffargue** (J.). Les applications mécaniques de l'énergie électrique. 2 vol.

3193 — Manuel pratique du manuel électricien.

658 **Lamartine.** Jacquard. Gutenberg.

2173 **Landrin** (fils). Traité de l'acier.

2962 **Larbalétrier** (A.). Le tabac.

3937 **Lebois** (M.-C.). L'électricité industrielle.

2876 **Le Chatelier** (W.). Le grisou.

3539 **Lecomte** (Prétextat). Les arts et métiers de la Turquie et de l'Orient.

2015 **Lefebvre** (Eugène). Le sel.

3690 **Lefèvre** (J.). L'éclairage. 2 vol.

2735 — La photographie et ses applications aux sciences, aux arts et à l'industrie.

2855 **Lindet** (L.). La bière.

3982 **Loth** (Gaston). La Tunisie et l'œuvre du protectorat français.

2365 **Maigne** (P.). Les mines de la France et de ses colonies.

2260 **Malo** (Léon). Guide pratique pour la fabrication et l'application de l'asphalte et des bitumes.

275 **Mauret de Pourville.** Des incendies et des moyens de les prévenir et de les combattre.

2919 **Minel** (P.). Introduction à l'électricité industrielle. 2 vol.

2849 — Régularisation des moteurs des machines électriques.

3981 **Ministère du Travail.** Enquête sur le travail à domicile dans l'industrie de la lingerie.

4322 **Montpellier** (I.-A.). L'électricité à la maison.

1507 **Moynet** (J.). L'envers du théâtre.

1976 **Muller** (Eugène). La machine à vapeur, son histoire et son rôle.

3350 **Nansouty** (Max de). Premières visites à l'exposition de 1900.

3691 **Niewenglowski** (G.-H.). Chimie des manipulations photographiques. 2 vol.

3686 — Le matériel de l'amateur photographe : choix, essai, entretien.

2621 **Notices** industrielles publiées par le journal « Le Génie civil » pendant l'Exposition universelle de 1889. 2 vol.

2620 **Notices** industrielles sur la Norvège.

4242 **Paquier** (J.-B.). L'enseignement professionnel en France.

4227 **Perreau** et **Groussier.** Le contrat de travail et le Code civil.

3313 **Photographie** (L.). Encyclopédie populaire illustrée du xxᵉ siècle.

2844 **Picou** (R.-V.). La distribution de l'électricité. (Usine centrale).

2783 **Pierret** (V.-A.). Horlogerie. Outillage et mécanique.

3204 **Piesse** (S.). Histoire des parfums et hygiène de la toilette.

3613 **Piétra-Santa** (J. de). L'aide-mémoire de l'automobile.

463 **Pindrié** (H.). Nos chemins de fer et leur réforme sociale.

749 **Portal** (Cam.). et **Graffigny** (H. de). Les merveilles de l'horlogerie.

3738 **Précis** (V.). Guide du couvreur, plombier, zingueur. 2 vol.

4234 **Preux** (L.). La force et la lumière à la ferme et dans la petite industrie.

2889 **Prud'homme.** Teinture et impression.

1460 **Renard** (Léon). Les merveilles de l'art naval.

1466 — Les phares.

558 **Reybaud** (Louis). L'industrie en Europe.

3683 **Rocques** (X.). Le cidre.

3189 **Saint-Paul** (Bertrand). Notions de pratique des travaux à l'usage des piqueurs municipaux.

2864 **Sauvage** (Ed.). Les divers types de moteurs à vapeur.

2264 **Sauvage** (Dr H.-E.). La grande pêche. (Les poissons).

1440 **Sauzay** (A.). La verrerie depuis les temps les plus reculés jusqu'à nos jours.

1506 **Simonin** (L.). Les merveilles du monde souterrain.

2866 **Sorel** (Ernest). La distillation.

3529 **Soulier** (Eug.). Nouveau traité sur les impressions modernes en couleurs.

3597 **Statistique** des grèves et recours à la conciliation et à l'arbitrage survenus pendant l'année 1903.

1496 **Ternant.** Les télégraphes. 2 vol.

1432 **Tissandier** (G.). La houille.

3553 **Toudouze** (G.). La conquête des mers.

3719 **Véber** (Adrien). L'éclairage.

3593 **Vibert** (Paul). La colonisation pratique et comparée. 2 vol.

3685 **Vidal** (Léon). La photographie des débutants.

4013 **Villiers** (A. de). Le tour du monde en quatre-vingt recettes.

65 **Voivreuil** (L. de). Jacquard ou l'ouvrier lyonnais.

2838 **Wallon** (E.). Choix et usage des objectifs photographiques.

3º COMMERCE

193 **Agostini.** La France et le Canada.

1378 **Bagehot** (W.). Lombard Street ou le marché financier en Angleterre.

4250 **Bastien** (P.). Les carrières coloniales.

4400 **Batardon** (L.). Comptabilité commerciale.

4283 **Becker** (Marcel). L'Allemand commercial.

4284 — La correspondance commerciale allemande.

4077 **Bégis** (P.). La pratique des affaires.

3542 **Blondel** (G.). La France et le marché du monde.

2821 **Brasilier** (A.). Traité d'arithmétique commerciale.

4281 **Brown** (Ch.). L'Anglais commercial.

4103 **Brubach** (J.). Le vrai guide du vendeur.

866 **Coffignon** (A.). L'estomac de Paris.

4282 **Contamine de Latour.** L'Espagnol commercial.

224 **Delahaye** (Victor). Rapport sur l'exposition coloniale et internationale d'Amsterdam.

2291 **Dubief.** Traité complet de vinification.

415 **Franklin** (Alf.). La vie privée d'autrefois. L'annonce et la réclame. Les cris de Paris.

3082 — La vie privée d'autrefois. Les magasins de nouveautés.

4437 **Fuzet** (H.). et **Reclus** (L.). Précis de mathématiques commerciales et financières.

2381 **Jourdan** (Ed.). et **Dumont** (G.). Etudes sur les écoles de commerce en Allemagne, en Autriche, en Belgique.

2439 **Labadie** (Emile). Etude sur Paris port de mer.

282 **Lamst.** Manuel de la Bourse.

1004 **Léautey** (Eug.). L'enseignement commercial et les écoles de commerce en France et dans le monde entier.

3100 — Traité des inventaires et des bilans.

1016 **Léautey** (Eug.). et **Guilbault** (Ad.). La science des comptes mise à la portée de tous.

2215 **Lunel.** Guide pratique pour reconnaître les falsifications et altérations des substances alimentaires.

2680 **Malmanche** (Mlle). Manuel pratique de tenue des livres.

3559 **Martin Saint-Léon** (Et.). Cartells et trusts.

4253 **Mauzaize** (R.). L'art allemand d'avoir une marine marchande aux dépens d'autrui.

3625 **Mercier** (Alex.). L'enseignement colonial élémentaire à l'étranger.

2011 **Notices** statistiques sur les colonies françaises.

2742 **Paulet** (G.). Annuaire de l'enseignement commercial industriel.

2944 **Pion** (E.). Le commerce de la boucherie.

1255 **Proudhon** (P.-J.). Manuel du spéculateur à la Bourse.

3433 **Risson** (Paul). Histoire sommaire du commerce.

2281 **Thierry-Mieg**. La France et la concurrence étrangère.

3624 **Vigneau** (Jules). Les Halles centrales de Paris. Autrefois et aujourd'hui.

3957 **Vincent** (P.). et **Wéber**. Correspondance commerciale française-allemande.

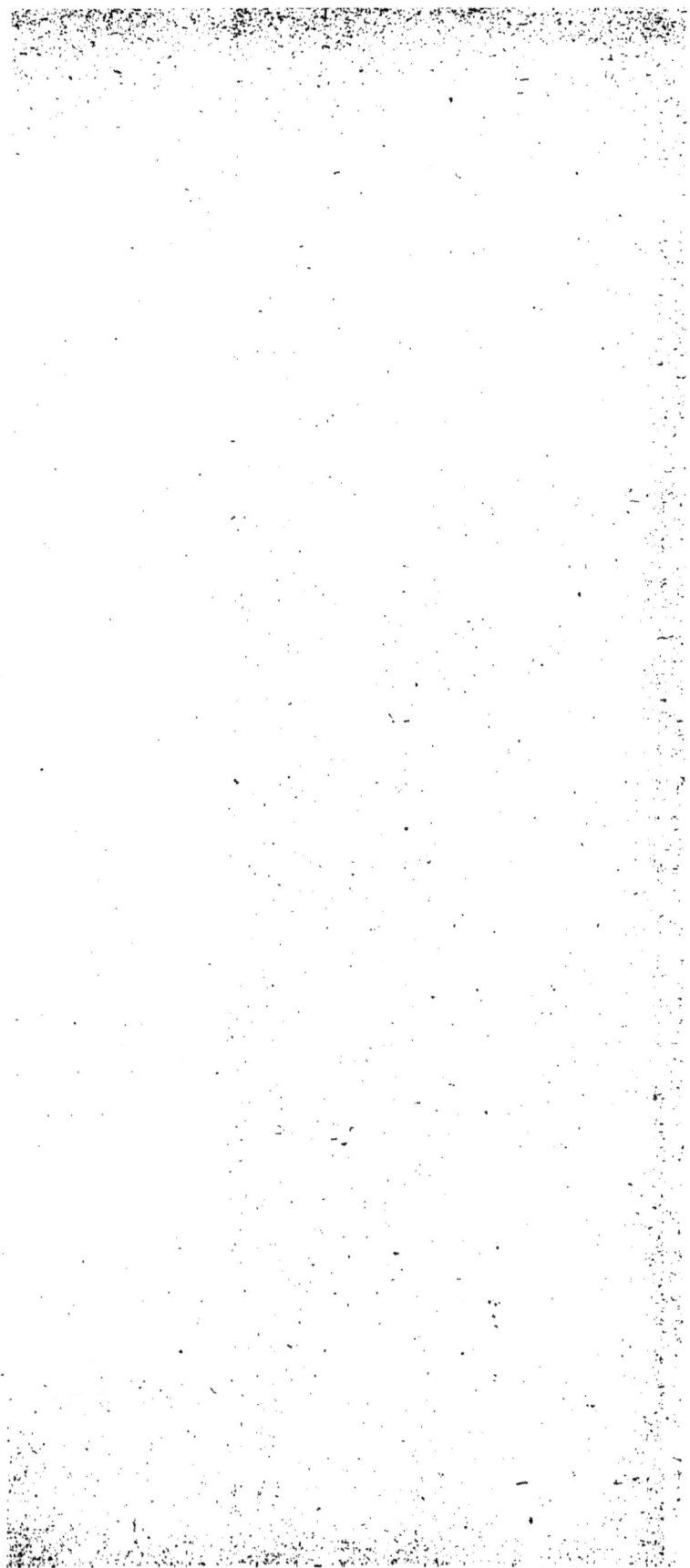

XI. — Sciences médicales — Hygiène

3151 **Ball** (B.). La folie érotique.

4342 **Barbarin, Quilier** et **Surbled** (D^{rs}). L'hygiène de l'enfant, de la naissance à l'adolescence.

3536 **Barbary** (D^r). La lutte antituberculeuse dans la famille, à l'école, dans l'atelier.

3984 — La grande faucheuse.

899 **Beaugrand** (Dr E.). La médecine domestique.

3502 **Bénech** (Dr L.). Hygiène des voyageurs en chemin de fer.

2657 **Bergeret** (L.-F.-E.). De l'abus des boissons alcooliques.

4390 **Bernard** (Marcel). Pour protéger la santé publique.

3736 **Bonneff** (Lucien et Maurice). Les métiers qui tuent.

486 **Bordier** (D^r). La géographie médicale.

281 **Bourdon** (J.). Guide aux eaux minérales de la France, de l'Allemagne, de la Suisse et de l'Italie.

2704 **Brouardel** (D^r). Le secret médical.

3979 **Burlureaux** (D^r). La lutte pour la santé.

3405 **Butte** (D^r). Les teignes, leur traitement.

4347 **Chaillou** (Dr A.). Hygiène générale d'une crèche.

3696 **Colin** (Léon). Paris, sa topographie, son hygiène, ses maladies.

3288 **Compte Rendu** général des travaux du Congrès national scientifique d'hygiène ouvrière tenu à Lyon, en 1894.

2746 **Cornet** (Dr P.). L'art d'administrer des médicaments aux enfants.

832 **Cottereau** (P.-L.). Traité élémentaire de pharmocologie.

3307 **Cuisine** (La). Encyclopédie populaire illustrée du xxe siècle.

2725 **Cullere** (Dr A.). Les frontières de la folie.

3795 **Dehau** (Dr H.) et **Ledoux-Lebard**. La lutte antituberculeuse en France.

3284 **Depierris** (Dr H.-A.). Le tabac qui contient le plus violent des poisons, abrège-t-il l'existence ?

815 **Descieux.** Entretiens sur l'hygiène à l'usage des campagnes.

3862 **Dieulafoy** (G.). Manuel de pathologie interne. 2 vol.

2296 **Dubarry** (Armand) Le boire et lé manger.

4360 **Dufestel** (D^r). Hygiène scolaire.

232 **Du Vivier** (E.). De la mélancolie.

3913 En attendant le médecin.

3613 **Fauchon** (D^r). La Tuberculose, question sociale.

3501 **Fischer** (Dr H.). De l'éducation.

3521 — De l'éducation sexuelle.

3509 — Puériculture.

3497 **Fontanges** (Haryett). Les femmes docteurs en médecine dans tous les pays.

233 **Foy** (D^r). Choléra-Morbus.

3094 **Franklin** (Alf.). La vie privée d'autrefois. Le café, le thé et le chocolat.

3077 — La vie privée d'autrefois. Les chirurgiens.

3078 — La vie privée d'autrefois. La cuisine.

3084 — La vie privée d'autrefois. L'hygiène.

2598 — La vie privée d'autrefois. Les repas.

208 — La vie privée d'autrefois. Les soins de la toilette et le savoir-vivre.

3092 — La vie privée d'autrefois. Variétés chirurgicales.

3086 **Galtier-Boissière** (D^r). Notions élémentaires d'hygiène pratique.

3286 **Gaubert** (B.). Les chambres mortuaires d'attente.

4375 **Gautrez** (Dr E.). L'insalubrité publique et l'expropriation.

4354 **Gréhant** (N.). Le grisou. L'oxyde de carbone.

4334 **Guillermond** (Dr Georges). Les services d'hygiène de la Ville de Paris.

3950 **Héricourt** (Dr J.). L'hygiène moderne.

10 **Honsz** (Dr E.). L'hygiène publique et privée.

3368 **Huguet** (D^r). Recherches sur les maladies simulées et mutilations volontaires.

2739 **Juillerat** (P.). Le casier sanitaire des maisons.

3025 **Laborde** (Dr J.-V.). La lutte contre l'alcoolisme.

4097 **Lafontaine** (Ch.). L'art de magnétiser ou le magnétisme vital.

3586 **Laurent** (Dr H.). Manuel d'hygiène populaire.

3636 **Lefèvre** (J.). Examen scientifique du végétarisme.

4109 **Lévy** (Dr Armand). Petits entretiens d'hygiène pratique.

2197 **Lunel** (B.). Guide pratique d'économie domestique.

3351 **Lutte** (La) contre l'abus du tabac.

3581 **Martial** (Dr R.). Notions d'hygiène féminine populaire.

2915 **Martin** (Dr A.). L'opium, ses abus.

3159 **Max-Simon** (Dr). Les maladies de l'esprit.

2723 — Le monde des rêves.

3200 **Mercier** (Dr Charles). Les Petits-Paris.
Etude critique et conseils pratiques sur
l'hygiène infantile.

579 **Miquel** (A.). Lettres à un médecin de province ou exposition critique de la doc-
trine médicale de M. Broussais.

2486 **Monin** (Dr E.). L'alcoolisme. Etude médico-
sociale.

3175 **Monin** (Dr E.). et **Dubousquet-Laborderie**.
Précis élémentaire d'hygiène pratique.

4259 **Montagné** (J.-L.). et **Jacquot**. Notions d'hygiène à l'usage des écoles.

453 **Mosso** (A.). La peur. Etude psycho-physio-
logique.

898 **Nightingale** (Miss). Des soins à donner aux
malades.

2666 **Ollivier** (Dr Aug.). Etudes d'hygiène publique. 3 vol.

3983 **Pagnien** (Dr J.-E.). La pharmacie dans ses
rapports avec les institutions d'assistance.

3549 **Petit** (Dr A.-L.). Conférences sur l'alcoolisme.

3551 **Plicque** (Dr). Précis populaire d'hygiène
pratique.

3555 **Plicque** (Dr) et **Verhaeren** (Dr). La cure de
la tuberculose dans les sanatoriums
français.

3287 **Poskin** (Dr A.). L'Afrique équatoriale. Cli-
matologie. Nosologie. Hygiène.

3612 **Rébouis** (Em.) Etude historique et critique
sur la peste.

3786 **Réveillé-Parise** (J.-H.). Hygiène de l'esprit.

3153 **Riant** (A.). Les irresponsables devant la
justice.

3320 **Ribard** (Elisée). La tuberculose est curable.
Moyens de la reconnaître et de la guérir.

421 **Richet** (Charles). Les poisons de l'intelligence.

2021 **Robinet**. Eaux de Paris.

3277 **Rothschild** (Dr Henri de). Hygiène de l'al-
laitement.

3182 **Rouge** (Dr G.). Hygiène de l'habitation privée à Paris.

2619 **Rousselet** (Albin). Notes sur l'ancien Hôtel-
Dieu de Paris.

2699 **Rousselet** (Albin). Les secours publics en cas d'accident.

3728 **Saint-Aubin** (Dʳ). Comment on se préserve des maladies d'estomac.

4404 **Schéfer** (Mᵐᵉ) et **François** (Mˡˡᵉ). Recettes de cuisine pratique.

3130 **Sollier** (Dʳ Paul). Les troubles de la mémoire.

4321 **Terrier** (F.). et **Peraire** (M.). Petit manuel d'antisepsie et d'asepsie chirurgicales.

3707 **Terwaque** (Dʳ). Portez-vous bien !

904 **Tessereau** (Dʳ A.). Cours élémentaire d'hygiène.

4080 **Trabut** (L.). Précis de botanique médicale.

3744 **Trélat** (Émile). Questions de salubrité.

3833 **Triboulet** (H.). et **Delobel** (A.). Les œuvres de l'enfance.

2778 **Trillat** (A.). Les produits chimiques employés en médecine.

4332 **Variot** (Dʳ G.). L'hygiène infantile.

3439 — Le médecin de l'enfance.

4023 **Viaud** (Dʳ) et **Vasnier**. La lutte contre l'alcoolisme.

4119 **Wurtz** et **Bourges** (H.). (Dʳˢ). Ce qu'il faut savoir d'hygiène.

3179 **Yvon** (Dʳ P.). Notions de pharmacie nécessaires au médecin. 2 vol.

XII. — Sciences militaires

1005 **Argy** (d'). De la natation dans l'armée.

513 **Armée allemande** (L') par un général prussien.

4098 **Barthelemy**. Avant la bataille.

3917 **Baudin** (Pierre). L'alerte.

3612 — L'armée moderne et les états-majors.

3407 **Cany** (J.). et **Gosset** (H.). Manuel d'escrime.

2682 **Caustier** (Eug.). Les pigeons-voyageurs et leur emploi à la guerre.

3749 **Daveluy** (René). La lutte pour l'empire de la mer.

2664 **Derisoud** (Em.). et **Falcou** (R.). Guide du télégraphiste en campagne.

4125 **Fontin** (Paul). Guerre et Marine. Essai sur l'unité de la défense nationale.

2754 **DMJ-NY** (Général). La situation stratégique de la France dans la guerre de demain.

3853 **Hardy de Périni**. Les armées féodales.

3854 **Hardy** (E.). L'art militaire au temps de Louis XI.

3884 **Henry** (Lieut^t. G.). Les Alpins en campagne.

3810 **Lehugeur** (P.). Histoire de l'armée française.

616 **Plazanet** (Colonel de). Manuel du sapeur-pompier.

4111 **Roland** (Lieut^t. M.). L'éducation patriotique du soldat.

3828 **Spéro** (Capitaine). La défense nationale sous la troisième République.

4033 **Tuétey** (Louis). Les officiers sous l'ancien régime. Nobles et roturiers.

XIII. — Beaux-arts

576 **Adam** (Adolphe). Souvenirs d'un musicien.

3794 **André** (Emile). Cent coups de jiu-jitsu.

2206 **Arnaud** (Angélique). François del Sarte, ses découvertes en esthétique.

4370 bis. **Aubert** (Marcel). La Cathédrale de Notre-Dame de Paris.

77 **Audiat** (Louis). Bernard Palissy.

436 **Audley** (Mme A.). Louis von Beethoven, sa vie, ses œuvres.

1490 **Augé de Lassus** (Lucien). Les tombeaux.

3747 **Bayet** (C.). Précis d'histoire de l'art.

3682 **Beethoven.** Correspondance.

1493 **Berger** (Georges). L'école française de peinture depuis ses origines jusqu'à la fin du règne de Louis XIV.

3319 **Berlioz** (H.). Mémoires. 2 vol.

3061 **Bernay** (Berthe). La danse au théâtre.

4231 **Bertrand** (Alph.). Versailles. Ce qu'il fut, ce qu'il est, ce qu'il devrait être.

190 **Bigot** (Charles). Peintres français contemporains.

770 **Blaze de Bury** (H.). Musiciens contemporains.

111 **Blondel** (Spire). L'art pendant la Révolution.

2472 **Bouchot** (H.). Jacques Callot.

1535 **Bougot** (A.). Essai sur la critique d'art.

1041 **Boullier** (A.). L'art vénitien. Architecture. Sculpture. Peinture.

4358 **Brahm** (Alc. de). La peinture au musée Carnavalet.

516 **Burty** (Ph.). Maîtres et petits-maîtres.

2750 **Carteron** (Charles et Eugène). Introduction à l'étude des Beaux-Arts.

1426 **Castel** (Albert). Les tapisseries.

2353 **Cerfbeer de Médelsheim** (G.). L'architecture en France.

120 **Champeaux** (A. de). Les monuments de Paris.

3308 **Cherbuliez** (V.). Un cheval de Phidias.

1457 **Colomb** (Casimir). La musique.

3355 **Costume** (Le), la mode.

2452 **Cougny** (G.). L'enseignement professionnel des beaux-arts dans les écoles de la Ville de Paris.

3571 **Damade** (Louis). Histoire chantée de la première République (1789-1799).

4255 **Décout** (L.). L'histoire de l'art apprise par des promenades dans Paris.

2306 **Delacroix** (Eug.). Lettres, recueillies et publiées par Ph. Burty. 2 vol.

2633 **Dolent** (Jean). Amoureux d'art.

3420 — Maître de sa joie.

3547 — Monstres.

3797 **Dreyfous** (Maurice). Les arts et les artistes pendant la période révolutionnaire (1789-1795).

1171 **Dumas** (Alexandre). Italiens et Flamands. 2 vol.

1186 — Trois maîtres.

1179 — Une vie d'artiste.

1491 **Duplessis** (Georges). Les merveilles de la gravure.

4384 **Faure** (G.). Heures d'Italie.

3837 **Gallet** (Mme Maurice). Schubert et le lied.

2031 **Garnier** (Charles). A travers les arts.

1005 **Gautier** (Théophile). Guide de l'amateur au musée du Louvre.

2745 **Geffroy** (Gustave). La vie artistique.

884 **Genlis** (Mme de). Arabesques mythologiques ou les attributs de toutes les divinités de la fable. 2 vol.

3008 **Goncourt** (Edmond de). Hokousaï.

2938 **Gounod** (Ch.). Mémoires d'un artiste.

3702 **Hébert** (H.). L'art de développer le sentiment musical chez l'enfant.

1483 **Hélène** (Max.). Le bronze.

3540 **Hellouin** (F.). Feuillets d'histoire musicale française.

1444 **Jacquemart** (A.). Les merveilles de la céramique. 3 vol.

1073 **Jahyer** (Félix). Salon de 1865.

1074 — Salon de 1866.

3438 **Jusserand** (J.-J.). Les sports et jeux d'exercice dans l'ancienne France.

1492 **Lacombe** (P.). Les armes et les armures.

1958 **Lasteyrie** (Ferdinand de). Causeries artistiques.

1455 — Histoire de l'orfèvrerie depuis les temps les plus reculés jusqu'à nos jours.

3557 **Leclère** (Tristan). Salons (1900-1904).

1453 **Lefèvre** (André). Les merveilles de l'architecture.

1469 — Les parcs et les jardins.

1509 **Lesbazeilles** (E.). Les colosses anciens et modernes.

3616 **Lumet** (Louis). L'art pour tous.

3870 **Maréchal** (Henri). Paris. Souvenirs d'un musicien.

1401 **Marmottan** (P.). Les statues de Paris.

612 **Ménard** (René). Art antique.

3054 **Michel** (André). Notes sur l'art moderne. (Peinture).

4022 **Moiroux** (Jules). Le cimetière du Père-Lachaise. (Guide illustré).

2737 **Molinier** (Aug.). Les manuscrits et les miniatures.

1358 **Montégut** (E.). Les Pays-Bas. Impressions de voyage et d'art.

4383 **Morice** (Ch.). Pourquoi et comment visiter les musées.

1062 **Narjoux** (F.). Histoire d'un pont.

4362 **Pilon** (Edm.). Chardin.

3926 **Prodhomme** (J.-G.). Hector Berlioz (1803-1869). Sa vie et ses œuvres.

3863 — Les symphonies de Beethoven.

3173 **Raynaly** (E.). Les propos d'un escamoteur Etude critique et humoristique.

4364 **Rembrandt** (Biographie de).

4365 **Reynolds** (Biographie de).

3577 **Riotor.** Les arts et les lettres. 2 vol.

3552 **Roux** (Alph.). La vie artistique de l'humanité.

4273 **Schuré** (Edouard). Sanctuaires d'Orient.

1258 **Scudo** (P.). Critique et littérature musicales. 2 vol.

3668 Soixante ans dans les ateliers des artistes. Dubosc modèle.

2359 **Taine** (H.). Philosophie de l'art. 2 vol.

2066 **Topffer** (Rodolphe). Réflexions et menus propos d'un peintre genevois.

4006 **Udine** (Jean d'). Petites lettres à la jeunesse sur le Jugend-album de Schumann.

4254 **Vacquier.** Visite aux Invalides. L'église Saint-Louis.

3713 **Valton** (Edm.). Monstres dans l'art.

1830 **Viardot** (Louis). Espagne et et beaux-arts.

1482 — Les merveilles de la peinture. 2 vol.

1484 — Les merveilles de la sculpture.

3610 — Histoire de la musique.

4363 **Vigée-Le-Brun** (Biographie de Mme).

2285 **Viollet-le-Duc.** Comment on construit une maison.

2308 — Comment on devient dessinateur.

2894 **Wagner** (Richard). Souvenirs.

2873 **Wilder** (Victor). Beethoven, sa vie et son œuvre.

3154 **Willy.** Notes sans portée.

XIV. — Musique

1 **Adam** (Ad.). Le chalet.
47 **Auber**. Le cheval de bronze.
8 — Les diamants de la couronne.
2 — Le domino noir.
3 — Le Philtre.
81 **Audran** (Ed.). Le grand Mogol.
59 — La Mascotte.
112 — Serment d'amour.
58 **Berlioz**. La damnation de Faust.
113 — Grande messe des morts.
124 **Barbier** (J.). et **Carré** (M.). La colombe.
41 **Bizet** (G.). L'Arlésienne.
9 — Carmen.
98 — La jolie fille de Perth.
97 — Les pêcheurs de perles.
44 **Boïeldieu**. Jean de Paris.
120 **Charpentier** (Gustave). Louise.
11 **David** (Félicien). Le désert.
12 — Lalla-Roukh.
54 **Delibes** (Léo). Jean de Nivelle.
14 **Donizetti**. La favorite.
90 — La Fille du Régiment.
119 **Fabre** (Gabriel). Chants de Bretagne.
94 **Faure** (J.). La voix et le chant.
101 **Flaminio**. Aubade printanière.
114 — Choix de danses avec paroles.
109 — Danses pour piano.
115 — Valses chantées.
99 **Godard** (B.). Dante.
15 **Gounod** (Ch.). Faust.
42 — Mireille.
63 — Philémon et Baucis.
105 — Polyeucte.
65 — Sapho.
75 **Guiraud** (E.). Galante aventure.
92 **Halévy** (F.). La Juive.
80 — Leçons de lecture musicale.
56 **Hérold**. Le Pré aux Clercs.
20 — Zampa.
70 **Lacombe** (P.). Madame Boniface.
83 **Lalo** (Ed.). Le roi d'Ys.
38 **Le Couppey** (F.). De l'enseignement du piano.
77 **Lefrançois** (F.). L'étude de la musique rendue facile.
78 — Petit dictionnaire de musique.

39 **Lulli.** Le Mariage forcé, comédie-ballet en 3 actes.

21 **Maillart** (A.). Les dragons de Villars.

22 **Massé** (V.). Galatée.

89 — Les noces de Jeannette.

86 — Une nuit de Cléopâtre.

87 **Massenet.** Esclarmonde.

93 — Hérodiade.

121 — Manon.

84 — Marie-Magdeleine.

23 — Le roi de Lahore.

123 — **Werther.**

74 **Membrée (Edm.).** La courte échelle.

40 **Mendelssohn.** Le songe d'une nuit d'été.

103 **Messager** (A.). La Basoche.

29 **Meyerbeer** (G.). L'Africaine.

27 — L'étoile du nord.

30 — Les Huguenots.

25 — Le pardon de Ploërmel.

28 — Le Prophète.

26 — Robert le Diable.

116 **Morceaux choisis** de divers maîtres pour piano.

31 **Mozart.** Don Juan.

45 — L'enlèvement au sérail.

66 — Les noces de Figaro.

68 **Offenbach** (J.). Les contes d'Hoffmann.

32 — Orphée aux enfers.

100 **Paladilhe.** Patrie.

37 **Parent** (H.). L'étude du piano, manuel de l'élève.

96 **Reyer** (E.). Salammbô.

62 — Sigurd.

33 **Rossini.** Le barbier de Séville.

57 — Le comte Ory.

43 — Guillaume Tell.

95 **Saint-Saëns** (C.). Ascanio.

52 — Etienne-Marcel.

117 — Samson et Dalila.

79 **Schmoll** (A.). Dix sonatines progressives.

76 — Nouvelle méthode de piano.

34 **Schubert** (François). Quarante mélodies choisies.

110 **Serpette** (Gaston). L'auberge de Tire-Larigot.

108 **Sonates,** ouvertures et morceaux choisis.

118 **Sporck** (Georges). Suites d'orchestre.

125 **Strauss** (J.-J.-E.). Œuvres choisies.

35 **Thomas** (A.). Françoise de Rimini.

107 — Mignon.

36 — Le songe d'une nuit d'été.

88 **Verdi.** Le bal masqué.

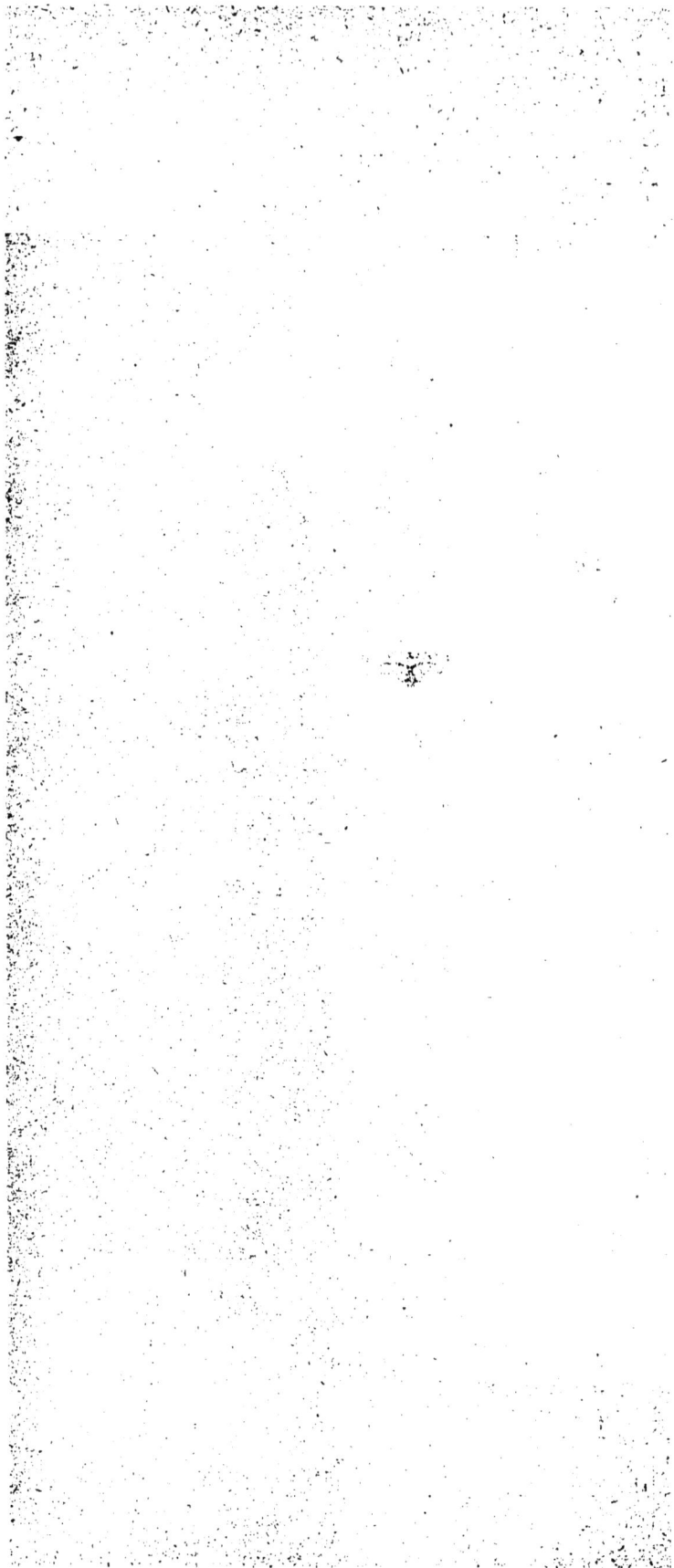

XV. — Langues étrangères

4283 **Becker** (Marcel). L'Allemand commercial.
4284 — La correspondance commerciale allemande.
3184 **Beecher Stowe** (Mistress). The minister's
Wooing.
4281 **Brown** (Ch.). L'Anglais commercial.
1778 **Byron** (Lord). The Poetical Works.
4281 **Contamine de Latour.** L'Espagnol commercial.
795 **Cowper** (W.). The Poetical Works.
4076 **Fucks et Nicolas.** Nouvelle grammaire
russe.
4407 **Gricourt** (A.). et **Kuhn** (M.). The essentials
of English grammar.
468 **Hernandez** (P.). Cours complet de grammaire espagnole.
3011 **Kotzebue.** La petite ville allemande, traduction française avec le texte en regard.
868 **Magé** et **Dietrich.** Morceaux choisis de langue allemande.
1002 **Melzi** (J.-B.). Manuel pratique de correspondance allemande.
330 — Manuel pratique de correspondance
anglaise.
2655 **Mistral** (F.). Mireia, traduit en allemand.
1779 **Scott** (Walter). The Poetical Works.
3740 **Tom** Brown's school days.
856 **Vergani.** Grammaire italienne.

XVI. — Bibliothèque de la jeunesse

1576 **Achard** (Amédée). Histoire de mes amis.

1646 **Andersen.** Contes.

1730 **Assollant** (Alf.). Aventures merveilleuses, mais authentiques, du capitaine Corcoran. 2 vol.

3169 **Badin** (Ad.). Une famille parisienne à Madagascar avant et pendant l'expédition.

1648 **Berthet** (Elie). L'enfant des bois.

3213 **Biart** (Lucien). Entre frères et sœurs.

3700 — Monsieur Pinson.

2449 **Blandy** (S.). Rouzétou.

3136 **Burnett** (Mistress F.-H.). La princesse Sarah.

3459 **Cahu** (Théodore). L'île désolée.

3450 **Carrance.** Les aventures du docteur Van der Bader.

2326 **Carraud** (Mme Z.). La petite Jeanne ou le devoir.

2625 **Caz'n** (Mme Jeanne). Perlette.

653 — Les saltimbanques.

3649 **Chéron de la Bruyère** (Mme). Fluette.

221 — La tante Derbier.

1536 **Colomb** (Mme). Le bonheur de Françoise.

3069 — Les révoltes de Sylvie.

3455 **Cooper** (F.). Le cratère ou les Robinsons américains.

3003 **De la Roche** (B.). L'ami Benoit.

3146 **Delorme** (Marie). La fille du clown.

3028 — Yves Kerhélo.

3114 **Deschamps** (Fr.). Les grandeurs de Sophie.

1518 **Deslys** (Charles). L'ami François. Les Noménoé. La petite reine.

995 **Desnoyers** (Louis). Aventures de Robert-Robert.

3483 — Les mésaventures de Jean-Paul Choppart.

1252 **Dumas** (Alex.). La bouillie de la comtesse Berthe.

1246 — Histoire d'un casse-noisette.

1219 — L'homme aux contes.

1226 — Jacquot sans oreilles.

1138 — Le père Gigogne. 2 vol.

3905 **Dupuis** (Eudoxie). Miss Porc-Epic.

3640 — Un trio d'amis.

3774 **Fleuriot** (Mlle Zénaïde). Cadok.

598 **Fleuriot** (Mlle Zénaïde). Le clan des têtes chaudes.

3005 — La clef d'or.

2480 — De trop.

1975 — L'héritier de Kerguignon.

2948 — Loyauté.

2583 — Mandarine.

2501 — Parisiens et montagnards.

3016 — Réséda.

3651 — La rustaude.

2988 — Sans beauté.

4324 **Fonséca** (H. de). Le mystère du manoir.

3868 **Fornel** (Léon). Les Flibustiers.

2949 **Fresneau** (Mme). Thérèse à Saint-Domingue.

3927 **Gériolles** (A. de). Un Parisien à Java.

145 **Girardin**. Le capitaine Bassinoire.

2582 — Les certificats de François.

2959 — Mauviette.

2448 — Second violon.

3650 **Guéchot** (M.). Le bon géant Gargantua. Maître Pathelin.

2572 **Hawthorne** (Nathaniel). Le livre des merveilles. 2 vol.

4169 **Jacolliot** (L.). Voyage au pays des singes.

2547 **Laboulaye** (E.). Contes bleus.

2533 — Nouveaux contes bleus.

2534 — Le prince Caniche.

3637 **La Noët** (Yann de). Le secret de l'émail.

2796 **Léo** (André). La justice des choses. 2 vol.

3812 **L'Isle** (Adam de). Le serment ou l'ambition stérile.

3880 **Maël** (Pierre). Le forban noir.

3639 **Malassez** (J.). Histoire d'un dictionnaire latin.

3451 **Marryat**. Le spectre de l'Océan.

3456 — Le vaisseau-fantôme.

3452 **Mayne-Reid**. Bruin, ou les chasseurs d'ours.

1029 — Le chasseur de plantes.

2145 — Les chasseurs de girafes.

3453 — Les chasseurs de scalps.

3457 — La corde fatale. Les épaves de l'Océan.

3458 — Le mousse de la Pandore. Les vacances au désert.

2525 — Les vacances des jeunes Boers.

3411 — Voyage à fond de cale.

4458 **Mommérot** (Thécla de). La petite princesse des neiges.

4457 **Pech** (Em.). Orgueilleuse.

3647 **Planty** (G. du). Mademoiselle Chou-chou.

3638 **Pravaz** (Henriette). Histoire d'une petite princesse russe.

2261 **Robert Halt** (Marie). Histoire d'un petit homme.

2302 — La petite Lazare.

3663 **Saint-Maurice** (Rémy). Les Corsaires de la « Danaé ».

3934 **Salgari**. Au pôle sud en bicyclette.

3935 — Le corsaire noir.

3941 — Les pirates de la Malaisie.

2165 **Sandeau** (Jules). La roche aux mouettes.

2629 **Ségur** (Mᵐᵉ la comtesse de). L'auberge de l'ange gardien.

2455 — Le général Dourakine.

3771 — Les malheurs de Sophie.

3777 — Quel amour d'enfant !

3388 — Un bon petit diable.

3879 **Stevenson** (R.-L.). Les aventures de David Balfour.

4102 **Swift** (J.). Voyages de Gulliver.

2446 **Tissot** (Victor) et **Améro** (C.). Aventures de trois fugitifs en Sibérie.

3902 **Toudouze** (Gustave). Reine en sabots (1813).

3881 **Trémisot** (G.). Souvenirs d'un hippopotame.

903 **Twain** (Mark). Les aventures de Tom Sawyer.

3115 **Verley** (A.). Tous jeunes.

459 **Verne** (Jules). L'abandonné.

1031 — Les Anglais au Pôle Nord.

3127 — L'archipel en feu.

1038 — Autour de la lune.

433 — Aventures de trois Russes et de trois Anglais.

3122 — César Cascabel.

428 — Le « Chancellor ». Martin Paz.

3123 — Le château des Carpathes.

42 — Le chemin de France, suivi de Gibraltar.

446 — Les cinq cents millions de la Bégum.

444 — Cinq semaines en ballon.

3128 — Claudius Bombarnac.

424 — De la terre à la lune.

437 — Le désert de glace.

2476 — Deux ans de vacances. 2 vol.

443 — Le docteur Ox.

2149 — L'école des Robinsons.

470 — Les enfants du capitaine Grant. 3 vol.

661 — L'Etoile du Sud.

3128 — Famille sans nom.

464 — Hector Servadac. 2 vol.

447 — Les Indes noires.

2178 — La Jangada. 2 vol.

2180 — Kéraban le Têtu. 2 vol.

2177 — La maison à vapeur. 2 vol.

546 **Verne** (Jules). Mathias Sandorf. 3 vol.
475 — Michel Strogoff. 2 vol.
3126 — Mirifiques aventures de maître Antifer
2768 — Mistress Branican.
457 — Les naufragés de l'air.
469 — Le pays des fourrures. 2 vol.
3125 — P'tit Bonhomme. 2 vol.
2161 — Le rayon vert.
2461 — Robur le Conquérant.
2692 — Sens dessus dessous.
450 — Le secret de l'île.
439 — Le tour du monde en quatre-vingt jours.
445 — Les tribulations d'un Chinois en Chine.
476 — Un capitaine de quinze ans. 2 vol.
2483 — Un billet de loterie.
442 — Une ville flottante.
465 — Vingt mille lieues sous les mers. 2 vol.
440 — Voyage au centre de la terre.
2567 **Wyss**. Le Robinson suisse. 2 vol.

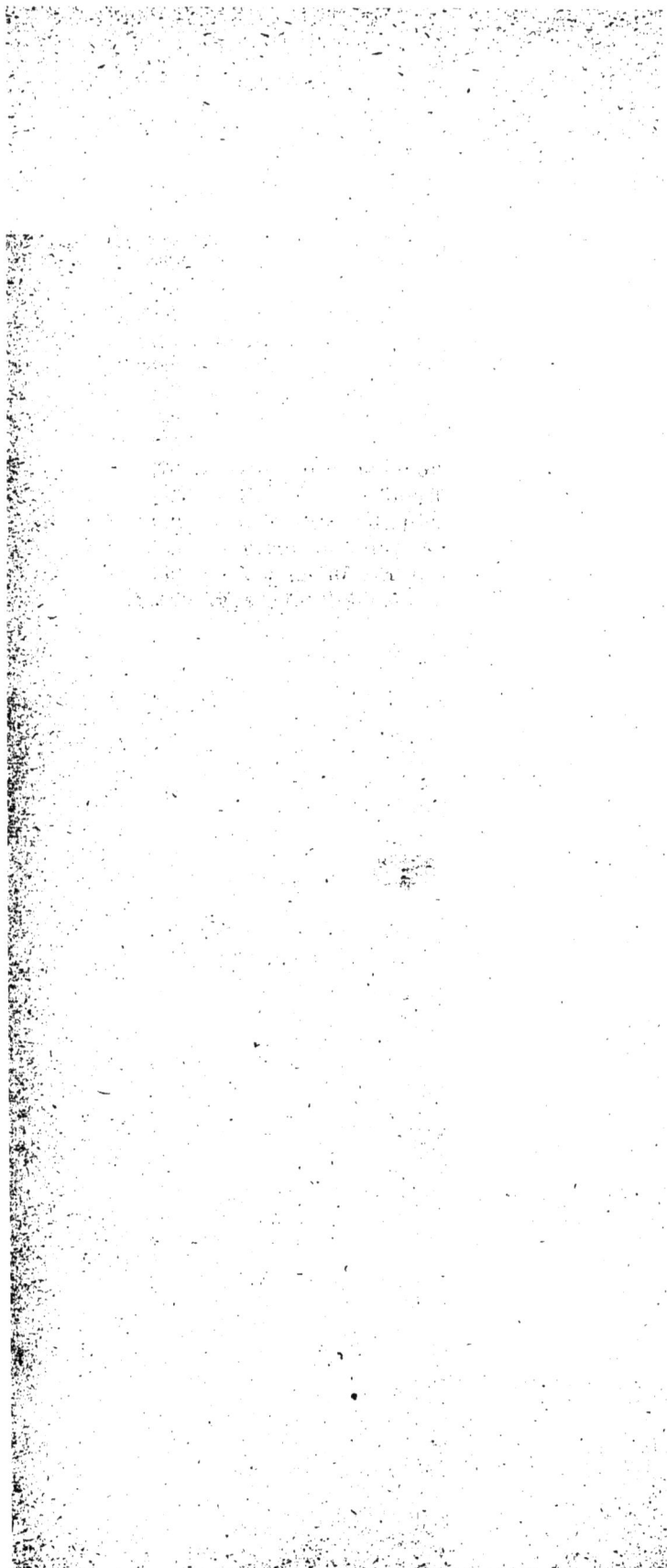

Table Alphabétique des Noms d'Auteurs

A

Abd-oul-Beha, 3.
About (Edmond), 10, 52, 54, 69, 94.
Achard (Amédée), 94, 171.
Ackermann (Mme), 78.
Acloque (A.), 137.
Acollas (E.), 17.
Adam (Ad.), 161, 165.
Adam (Paul), 94.
Aftalion, 17.
Agardh (C.-A.), 33.
Agassiz (L.), 54.
Agostini, 149.
Aicard (Jean), 78, 94.
Aimard (G.), 52, 94.
Ainsworth, 94.
Ajalbert, 54.
Albalat, 69.
Albert (Charles), 3.
Albert (Paul), 69.
Albertis (d'), 54.
Alembert (d'), 3.
Alfieri (Victor), 76.
Alihé-Hanoum, 76.
Alis (Harry), 54, 94.
Amélineau, 3.
Amicis (de), 54.
Amiel (L.-R.), 78.
Andersen (H.-C.), 171.
Andler (Ch.), 33.
André (Émile), 137, 161.
André (Louis), 10, 17.
André (Louis) et Gui-
    bourg (L.), 17.
Angot (A.), 136.
Annunzio (G. d'), 94.
Anquez (L.), 25.
Antar (Michel), 54.
Antoine (Alfred), 17.
Arago (Jacques), 54.
Arbousse-Bastide, 3.
Ardouin-Dumazet, 54.
Arène (Paul), 94.
Ariste (L.) et Braud, 25.
Aristophane, 82.
Armelin, 28.
Armengaud jeune (J.), 145.
Arnaud (Angélique), 161.
Arnould (Arthur), 94.
Arnous (P.), 38.
Artibal (Jean), 10.
Art Roë, 94.
Asseline (Louis), 34.
Assollant (Alfred), 95.
Auber (E.), 165.
Aubert (Ch.), 95.
Aubert (M.), 32, 78, 161.
Audebrand (Ph.), 95.
Audiat, 161.
Audiganne (A.), 133.

Audley (Mme), 161.
Audran (Ed.), 165.
Augé de Lassus, 24, 32, 161.
Augier (Émile), 82.
Aulard (A.), 28.
Auriac (J. d'), 10.
Auvray (R.), 95.
Avesnes, 54.
Avrillon (Mme), 38.

B

Babbage (Ch.), 145.
Babeau (Alb.), 10.
Bachoué (A. de), 136.
Badin (Ad.), 54, 95, 171.
Bagehot (W.), 17, 149.
Baïf (de), 78.
Baillehache (de), 38.
Baillière (H.), 32.
Bain (Alexandre), 129.
Baker (S.-W.), 54.
Balcalm, 54.
Balincourt (de), 34.
Ball (B.), 154.
Baltet (Ch.), 144.
Balzac (Honoré de), 69, 82, 95.
Bamberger, 10.
Banville (Th. de), 69, 78.
Baraban, 54.
Barbarin et Quillier, 154.
Barbary (F.), 154.
Barberet (J.), 10.
Barbier (Auguste), 78.
Barbier (François), 38.
Barbou (Alfred), 28.
Barine (Arvède), 69.
Barker (Lady), 54.
Barni (Jules), 3, 10.
Barral-Montferrat (de), 34.
Barratin (A.), 78.
Barrau (Th.), 10, 25.
Barrès (Maurice), 69, 96.
Barroux (Marius), 32.
Barthélemy (abbé), 24.
Barthélemy (de), 54.
Barthélemy (H.), 159.
Bashkirtseff (Marie), 69.
Bassières (E.), 52.
Bastard (G.), 28.
Bastiat, 10.
Bastien (P.), 10, 17, 149.
Batiffol, 25.
Baude de Maurceley, 28.
Baudelaire, 78.
Baudin (Pierre), 10, 159.
Baudry de Saunier, 145.
Bauquenne (A.), 96.
Bayet (C.), 161.

Bazin (René), 54, 69, 96.
Beaugrand (E.), 154.
Beaumarchais, 82.
Beaurepaire (Edm.), 32.
Beautivet, 96.
Becker (Marcel), 149, 169.
Becque (Henry), 82.
Beecher-Stowe (Mᵐᵉ), 96, 169, 169.
Beethoven, 161.
Bégis (P.), 17, 149.
Bellair (G.), 144.
Belle (Henri), 54.
Bellessort, 54.
Bellot (J.-R.), 54.
Belot (Ad.), 96.
Benech (L.), 154.
Bentzon (Th.), 10.
Béranger, 78.
Bérard (Alex.), 52.
Bérard (Victor), 10.
Berger (B.), 129.
Berger (E.), 144.
Berger (G.), 161.
Bergeret (L.-F.), 154.
Berlioz, 161, 165.
Bernard (Ch. de), 96.
Bernard (Claude), 137.
Bernard (Fernand), 54.
Bernard (Frédéric), 3, 34.
Bernard-Derosne (L.), 69.
Bernardin de Saint-Pierre, 69, 96.
Bernay (Berthe), 161.
Bernheim (A.), 82.
Bernoville, 145.
Berr (G.) et Delbost (G.), 69.
Bersot, 3, 69, 129.
Bert (Paul), 3, 137.
Bertaut (J.), 69.
Berthaut (Léon), 96.
Berthelot (M.), 3.
Bertheroy, 96.
Berthet (Elie), 96, 171.
Berthold (Fr.), 96.
Bertie-Mariott, 55.
Bertin (Ernest), 28.
Bertrand (Alph.), 25, 161.
Bertrand (P.), 96.
Berwick (de), 39.
Bescherelle aîné, 129.
Besenval (de), 39.
Bessé (de), 25.
Besson (E.), 137.
Beudant, 137.
Beurdeley (F.), 129.
Beurdeley (P.), 17.
Biard d'Aunet, 10.
Biart (Lucien), 96, 171.
Bigot (Ch.), 55, 161.
Binet (Alfred), 3, 129.
Biolley (P.), 52.
Biré (Edmond), 69.
Bismarck, 34.
Bitteau (J.), 28.
Bizet (Georges), 165.
Blache (N.), 28.

Blanc (Louis), 28.
Blanchard (Em.), 138.
Blancarnoux, 145.
Blandy (S.), 171.
Blanqui (M.), 55.
Blaze de Bury, 161.
Blaze de Bury (Mᵐᵉ), 96.
Blémont (Em.), 78.
Blondel (Georges), 149.
Blondel (Spire), 161.
Bocher (A.), 3, 10.
Bocquillon (H.), 138.
Bodin (Marguerite), 96.
Boïeldieu, 165.
Boileau, 69, 78.
Bois (D.), 144.
Boissard, 17.
Boissier (Gaston), 24, 39, 69.
Boissière (G.), 24.
Boistel (J.), 17.
Bokhâri, 3.
Boland (Henri), 52, 55.
Bombonnel, 55.
Bonde (Am.), 17.
Bonjean (G.), 10.
Bonjean (M.), 144.
Bonnal (Ed.), 28, 34.
Bonnechose (E. de), 39.
Bonneff (L. et M.), 10, 154.
Bonnefoy (Gaston), 17.
Bonnefoy (Marc), 28.
Bonnemère (Eug.), 25.
Bonnet (Henri), 10.
Bonnetain (Paul), 96.
Bonnier (Gaston), 138.
Bordeaux (Albert), 55.
Bordeaux (Henry), 69.
Bordier (D'), 154.
Bornier (H. de), 78, 82.
Boschot (Ad.), 96.
Bossert (A.), 3, 76.
Bossuet, 3, 34, 69.
Botta, 34.
Boubée, 138.
Bouchor (Maurice), 78, 82.
Bouchot (Aug.), 34.
Bouchot (Henri), 28, 161.
Boudin (D.), 25.
Bougot (A.), 161.
Bouilhet (Louis), 78.
Bouillé (de), 39.
Bouillier (Fr.), 3, 129.
Boüinais et Paulus, 3.
Boulangier, 55.
Boullier (Aug.), 161.
Boulot (G.), 39.
Bourbouze (J.-G.), 136.
Bourde (Paul), 55.
Bourdeau (J.), 11.
Bourdon (Isidore), 154.
Bourgade (de), 55.
Bourgain (M.-P.), 129.
Bourgès (Elémir), 97.
Bourget (Paul), 70.
Bourgoing (de), 39.
Bourguin (M.), 11.

Bourlet (C.), 133, 145.
Bourloton, 34.
Bousquet (G.), 52.
Bouvier (Alexis), 97.
Boyer (P.), 97.
Bozon (J.), 17.
Brachet, 11, 70, 129.
Braconnier, 52.
Brahm (de), 161.
Braisne (de), 78.
Brants (Victor), 145.
Brasilier, 149.
Brasseur (Alb.) et Jourdain, 97.
Brau de Saint Pol Lias, 55.
Bréal (Michel), 129.
Bréhat (Alfr. de), 97.
Bréjean (J.) et Humblot, 17.
Brémer (Frédérika), 97.
Brémont (Léon), 70, 82.
Bret Harte, 97.
Breton (Jules), 70, 78.
Brevans (de), 138.
Brillat-Savarin, 70.
Briquet (P.), 17.
Brisson (Adolphe), 70, 82.
Brouardel, 154.
Broughton (Miss), 97.
Brown (Ch.), 149, 169.
Brubach (J.), 149.
Brucker (E.), 138.
Brulat (P.), 39, 70.
Brun (Jacques), 145.
Brunet (J.-L.), 52.
Brunetière, 39, 70, 82.
Bruno (G.), 129.
Buchez, 25.
Büchner (Alexandre), 76.
Büchner (Louis), 3, 138.
Buffon, 138.
Buhot de Kersers, 39.
Bujac (E.), 34.
Bujon (Pierre), 11, 32, 97.
Bulgarine (de), 97.
Bulwer Lytton, 97.
Burat (E.), 133.
Burlureaux, 154.
Burnett (M""), 171.
Burty (Ph.), 161.
Busquet (Alfr.), 78.
Butte (D'), 154.
Byram (Léo), 11, 52.
Byron (Lord), 76, 169.

C

Cabanès (D'), 25, 39.
Cadol (Edouard), 97.
Cagniard, 3.
Cahu (Théodore), 97, 171.
Cain (Georges), 32.
Caix de Saint-Aymour, 55.
Calemard de La Fayette, 144.
Cameau (Paul), 17.
Cameron, 55.
Campagnole, 17.

Campan (M""), 39.
Camus (P.) et Dalle (V.), 145.
Candiani (R.), 97.
Canet (V.), 34.
Canivet (Charles), 25.
Canu (F.), 133.
Cany (J.) et Gosset (H.), 159.
Caplain (J.), 34.
Capus (Guillaume), 138.
Carcassonne, 78.
Cardon (G.), 28.
Cardot (E.), 144.
Carlier (Aug.), 11.
Carlyle (Th.), 28.
Carnegie, 11.
Caro (E.), 3, 70.
Carol (Jean), 145.
Carrance (E.), 171.
Carrau (L.), 4.
Carraud (M""), 129, 171.
Carré (N.-A.), 17.
Carrère (J.), 34, 55.
Carteron (Ch. et E.), 161.
Carus (Paul), 4.
Castel (Albert), 161.
Castries (Comte de), 11.
Caustier (Eug.), 159.
Cavaglion (E.), 55.
Cazeneuve (P.), 145.
Cazin (M""), 171.
Célières (Paul), 97.
Cerfbeer de Médelsheim, 161.
Cervantès, 97.
César, 25.
Chabrier (Albert), 70.
Chaffanjon, 55.
Chalain et Gruhier, 145.
Challamel (Aug.), 25.
Champeaux (A. de), 161.
Champfleury, 82, 97.
Champion (Edme), 25.
Champollion le Jeune, 24.
Chandplaix (de), 97.
Chantagrel (J.), 17.
Chapiseau (F.), 52, 70.
Charbonnier (J.), 28.
Chardin (Jean), 55.
Chargueraud (A.), 144.
Charmes (G.), 55.
Charpentier (G.), 165.
Charpentier (J.-P.), 70.
Chartier (L.), 52.
Charton (Ed.), 70.
Chasles (Philarète), 70, 97.
Chassin (Ch.-L.), 25, 39.
Chastin (J.), 11.
Chateau (F.), 78.
Chateaubriand, 4, 76, 97.
Chateauminois (M""), 32.
Châtenet (G.), 79.
Chautemps (Em.), 11.
Chauvin (V.), 76, 129.
Chavette (Eug.), 97.
Chénier (André), 79.
Cherbuliez (V.), 11, 70, 76, 161, 97.

Chéron de la Bruyère (M⁰⁰), 171.
Chéruel (A.), 25.
Chevalet (Em.), 34.
Chevalier (E.), 34.
Cheysson (E.), 11.
Chodzko, 34.
Chotteau (Léon), 55.
Chrétien (Eug.), 17.
Chichédrine, 98.
Chuquet (Arthur), 70.
Cilleuls (des), 11.
Cisternes (de), 28.
Cladel (Léon), 98.
Clairon (M⁰⁰), 70.
Clamageran, 11.
Clapin, 55.
Claretie (Jules), 32, 98.
Claretie (Léo), 55, 70.
Claude (Georges), 136.
Clemenceau (Georges), 70, 98.
Cléry, 70.
Cobden, 11.
Cocheris, 129.
Cochin (Henry), 76.
Cœur (Pierre), 98.
Colet (M⁰⁰ Louise), 39.
Colin (D' Léon), 154.
Collas (L.), 34.
Collins (W.), 98.
Colomb (C.), 161.
Colomb (M⁰⁰), 171.
Colombey (E.), 70.
Colquhoun (A.), 55.
Combanaire, 55.
Combe (A.), 133.
Comberousse (de), 133.
Combes de Lestrade, 34.
Compayré (G.), 129.
Compiègne (de), 52.
Comte (Auguste), 4.
Conscience (H.), 98.
Contamine de Latour, 149, 169.
Conte (Edouard), 98.
Cooper (F.), 98, 171.
Coppée (François), 98.
Coquelin (C.), 82.
Coqueugniot, 17.
Corbon (A.), 129.
Corne (H.), 39.
Corneille (P.), 82.
Cornet (D' P.), 154.
Cornewall-Lewis, 34.
Cornot et Gillet, 129.
Corre (D' A.), 11.
Corsin (E.), 52.
Corvin (P. de), 82.
Costantin, 138.
Cotteau (Edmond), 55.
Cottereau (P.-L.), 154.
Coubertin (de), 129.
Cougny (G.), 161.
Coupey (Augusta), 98.
Coupin (Victor), 133.
Courier (P.-L.), 70.

Couvreur (E.), 138.
Cowper (William), 169.
Coynart (de), 25.
Cozzens (S.-W.), 55.
Créhange (G.), 34.
Crépet (E.), 70.
Crévier, 24.
Cristian, 98.
Croiset (Maurice), 76.
Croneau (A.), 145.
Cucheval (V.), 76.
Cuissart (E.), 129.
Cullerre, 154.
Cummins (Miss), 98.
Cumont (Fr.), 4.
Cunisset-Carnot, 18.
Curel (de), 82.
Currer-Bell (Miss), 98.
Cuvier, 138.
Cyral (H.), 39.
Cyrano de Bergerac, 70.

D

Da Costa, 32.
Daendliker (K.), 34.
Daireaux (E.), 52.
Dall (G.), 99.
Dallet (G.), 133.
Dalsème (A.-J.), 29.
Daly (A.), 25.
Damade (Louis), 161.
Damaze de Raymond, 35.
Damedor (R.), 79.
Danrit (capitaine), 99.
Dante, 79.
Daoulas, 35.
Darcy (Eug.), 35.
Darimon (Alfr.), 29.
Darmesteter (A.), 71.
Darmesteter (J.), 4, 56.
Darmesteter (M⁰⁰ J.), 99.
Darmesteter (M⁰⁰ M.), 39.
Darwin (Charles), 4, 138.
Dary (Georges), 145.
Daryl (Ph.), 11, 99.
Dash (comtesse), 71, 99.
Dastre (A.), 4.
Daudet (Alph.), 71, 82, 99.
Daudet (Ernest), 29, 79.
Dauphin-Meunier, 39, 71.
Davaine, 4.
Daveluy (René), 159.
David (abbé), 56.
David (Félicien), 165.
Davy (sir H.), 4.
Daxor (René), 79.
Dazincourt, 39.
Debans (Camille), 99.
Debidour (A.), 39.
Debriges (E.), 52.
Debury (R.), 11.
Decker et Fabre, 99.
Decorse (D'), 56.
Decourcelle (P.), 99.
Décout (P.-L.), 162.
Decrue de Stoutz, 25.

Defodon (Ch.), 129.
Defrance (Eug.), 29.
Dehau (D' H.), 154.
Deiss (Edouard), 56, 145.
Dejonc (E.), 133.
Delabrousse (L.), 29.
Delacroix (Eug.), 162.
Delahache, 29.
Delahaye (Victor), 149.
Delaporte (H.), 18.
Delavigne (C.), 79.
Delécluze (E.-J.), 99.
Deledda (Mme), 99.
Delétant, 79.
Deleveau (P.), 136.
Delibes (Léo), 165.
Delille, 79.
Delon (C.), 145.
Delorme (Mme), 171.
Delpit (Alb.), 99.
Deltour (F.), 71, 76.
Demeny (G.), 129.
Demesse (H.), 99.
Demogeot (J.), 4, 71, 76, 82.
Demoulin (Mme), 138.
Demoustier, 71.
Denis (Léon), 39.
Depierris (D'), 154.
Depping (G.), 52.
Derisoud (Em.), 159.
Déroulède (Paul), 29.
Desachy (Paul), 11.
Descartes, 4.
Descaves (Lucien), 99.
Deschamps (Em.), 71.
Deschamps (Fr.), 171.
Deschamps (G.), 35, 82, 99.
Deschanel (Em.), 71, 82.
Deschanel (Paul), 71.
Descieux, 154.
Des Cilleuls, 11.
Desclosières (G.), 145.
Descombes (Louis), 32.
Des Courtis (M.), 35.
Deslinières, 11.
Deslys (Ch.), 99, 171.
Desmoulins (Camille), 29.
Desnoyers (Louis), 171.
Despatys, 29.
Desplats (V.), 138.
Despois (E.), 29, 35, 82.
Desprez (Ad.), 26.
Destruels, 18.
Deville (Louis), 56.
Deville (V.), 52.
Dewailly (Mme A.), 79.
Dhormoys (P.), 56.
Dibos (M.), 145.
Dickens (Ch.), 99.
Dide (Aug.), 4, 35.
Diderot, 71.
Dieulafait, 138.
Dieulafoy (G.), 154.
Diguet (Ch.), 100.
Disraeli, 100.
Dixon (H.), 35.
Dodel (A.), 4.

Dolent (Jean), 162.
Doncaud (Alf.), 26.
Donizetti, 165.
Donnat (Léon), 11.
Dorian (Tola), 100.
Dorieux (Mme), 79.
Dorys (G.), 39.
Dostoiewsky, 100.
Doucet (J.), 100.
Doucet (R.), 146.
Douglass (Fr.), 76.
Doumic (René), 71.
Drack (M.), 82.
Drapier, 136.
Dreyfous (M.), 162.
Dreyfus-Brisac, 4, 82.
Drouet (H.), 56.
Droz (G.), 100.
Drumont (Ed.), 32.
Dubard (M.), 56.
Dubarry (A.), 35, 155.
Dubief (E.), 71.
Dubief (L.-F.), 146, 149.
Dubois (F.), 56.
Dubois (Paul), 11.
Dubost (A.), 39.
Dubucquoy (A.), 18.
Du Camp (Maxime), 26, 29,
   39, 56, 71.
Duchesne (G.), 32.
Duclaux (E.), 39, 136, 138.
Duclos, 39.
Ducor (H.), 39.
Ducoudray (G.), 29.
Ducrocq (G.), 52.
Dufestel (D' L.), 129, 155.
Dufferin (Lord), 56.
Dufour (Ph.), 79.
Dufour (Th.), 71.
Du Hausset (Mme), 40.
Dumas (Alex.), 39, 56, 71, 82,
   100, 162.
Dumas fils (Alex.), 4, 82,
   102.
Du Mesnil-Marigny, 11.
Dumont (Albert), 71.
Dumoulin (M.), 26.
Dumouriez, 39.
Dumoutier (G.), 4.
Duplais (L.), 52.
Duplessis (G.), 162.
Dupont (Jean), 11.
Duprat (G.), 4.
Dupuis (Eudoxie), 171.
Dupuis (J.-B.), 4.
Dupuy (Ern.), 76.
Duquet (Alfr.), 29, 32.
Durel (P.), 79.
Durrieux et Fauvelle, 56.
Duruy (G.), 102.
Duruy (V.), 24, 26, 56.
Dussieux (L.), 29.
Dutemple (Edm.), 56.
Dutreuil de Rhins, 56.
Duval (G.), 76, 102.
Duval (Jules), 52.

Duvergier de Hauranne (E.). 12.
Duvergier de Hauranne (Mme), 29.
Duveyrier, 52.
Du Vivier (E.), 155.

Michel (André), 163.

E

Edwards (Miss A.-B.). 102.
Egger (E.), 71.
Emerson, 4, 77.
Enault (Et.), 102.
Enault (Louis). 102.
Epinay (Mme d'). 39.
Equevilley (d'), 146.
Erckmann-Chatrian. 4, 82, 102.
Ernouf, 56, 146.
Escaray de Lauture, 56.
Eschyle. 82.
Esquiros. 4.
Estrée (d'). 32.
Etchegoyen (d'). 103.
Etienne (L.), 77.
Etiévant (A.), 26.
Euripide, 82.

F

Fabre (Emile). 103.
Fabre ((Ferdinand). 40, 71.
Fabre (Gabriel). 165.
Fabre (Henri). 133, 136.
Fabre (Joseph), 79.
Fabre (J.-H.), 138.
Fagnot. 12.
Fagnot et Millerand, 12, 18.
Failliot (R.), 12.
Fain (Baron), 29, 40.
Fairmaire, 138.
Fallot (E.), 12.
Famechon. 52.
Faraday. 136.
Farges (L.), 35.
Farini. 56.
Farjenel. 12.
Farrère (Cl.), 103.
Fanchon (D'), 155.
Faugère (P.), 71.
Faupin (E.), 138.
Faure (Abel), 103.
Faure (G.), 56, 79, 162.
Faure (J.), 165.
Fauvelle (D'), 136.
Faverot de Kerbrach. 29.
Favre (Louis), 4.
Fcillet (Alph.), 77.
Fénelon. 4, 71, 79, 129.
Ferber (Capitaine). 136, 146.
Fernet (E.), 136.
Ferneuil (Th.), 12.
Ferrari (J.), 35.

Ferri de Saint-Constant, 57.
Ferrière, 133.
Ferry (Gabriel). 103.
Fervacques, 103.
Festy (O.), 12.
Feugère (Ed.), 18.
Feuillet (O.), 103.
Féval (Paul), 103.
Fèvre et Hauser, 52.
Fiaux (Louis). 12, 18.
Fichte (J.-G.), 35.
Figueur (Thérèse). 40.
Figuier (Louis). 4, 52, 82. 136, 146.
Fillias, 26.
Filon (Augustin). 77, 103.
Fischer (D' H.), 79, 155.
Flachat (Eug.), 146.
Flaminio, 165.
Flammarion (C.), 4, 133.
Flaubert, 103.
Fleuriot (Zénaïde), 171.
Fleury (J.-A.), 35.
Fleury (P.), 146.
Flint (R.), 35.
Florent-Matter, 12, 52.
Florian, 35, 79.
Foë (D. de), 103.
Fogazzaro. 104.
Fonseca (de), 172.
Fonssagrives (J.). 53.
Fontanges (Harvett), 155.
Fontenelle, 71.
Fontin (Paul), 159.
Fonvielle (W. de). 57, 136. 146.
Forest (A.), 26.
Forestier (J.-C.), 144.
Forgues (E.-D.), 77.
Fouillée (Alf.), 12.
Foulon de Vaulx, 79.
Fournel (V.), 71.
Fournier (Ed.), 32.
Fournier (H.), 146.
Fournier de Flaix, 12.
Foveau de Courmelles, 4.
Foy (D'), 155.
Fraisse, 12.
France (Anatole). 40, 79, 104.
France (Hector), 57.
Franck (Ad.), 4.
François (G.), 57.
Franklin (Alfr.), 12, 26, 32, 133, 130, 149, 155.
Franklin (Benj.), 5.
Franklin (Jonathan). 138.
Frapié (Léon), 104.
Frarière (A. de), 144.
Fraycourt. 104.
Fresneau (M^m), 172.
Frick (P.), 146.
Fromentin, 57.
Fuchs et Nicolas, 169.
Funck-Brentano, 32.
Fuzet et Reclus, 149.
Fustel de Coulanges, 24, 26.

G

Gaboriau, 104.
Gabourd (A.), 26.
Gache (F.), 5, 71, 130.
Gachot (Ed.), 29.
Gaffarel (P.), 29, 53.
Galine et Saint-Paul, 146.
Gallet (Louis), 29, 79.
Gallet (Mme M.), 162.
Galtier (O.), 12, 40.
Galtier-Boissière, 155.
Gambetta, 12.
Garcet (H.), 133.
Garnier (Ch.), 162.
Garnier (Francis), 57.
Garrick, 82.
Gasparin (Cte A. de), 5, 35.
Gaubert (B.), 155.
Gaultier (P.), 5, 130.
Gautier (Alph.), 26.
Gautier (Judith), 104.
Gautier (Th.), 57, 72, 79, 104.
Gautrez (D'), 18, 155.
Gavazzi, 5.
Gay (Ernest), 29 .
Gay (Mme Sophie), 72, 104.
Gayet (Alb.), 57.
Gebhart (Emile), 72, 77.
Geffroy (A.), 12, 35.
Geffroy (G.), 104, 162.
Gendre (Barbe), 12.
Genevray (A.), 104.
Genlis (Mme de), 72, 162.
Geoffroy de Grandmaison, 29.
Gérard (Jules), 57.
Gérardin (L.), 133, 138.
Gérardin (S.), 172.
Gérards (E.), 32.
Gériolles (de), 172.
Germain (Aug.), 104.
Germain (Henri), 104.
Germain (Prosper), 53.
Germain (Sophie), 5.
Gerstaecker, 104.
Gerusez, 72.
Gervais-Courtellemont, 57.
Gesner, 77.
Geymet, 146.
Gidel (Ch.), 72.
Gidel et Loliée, 72.
Gigot (Albert), 35.
Gilder (W.), 57.
Gille (Ph.), 72.
Ginisty (Paul), 40, 105.
Girard et de Rouville, 136, 146.
Girard (Jules), 77, 138.
Girard (Maurice), 138.
Girardin (Mme de), 79, 105.
Girardin (J.), 57.
Giraud (Ch.), 5, 26.
Giraud (M.), 1.
Giraud (V.), 40, 72.
Girod (D' P.), 138.
Gluchant (V.), 29, 72.

Gladstone, 18.
Glouvet (J. de), 105.
Gobin (A.), 105.
Goblot (E.), 5.
Godard (B.), 165.
Goepp et Ducoudray, 26.
Gœthe, 79, 82, 105.
Gogol, 105.
Golberg, 72.
Goldoni, 77.
Golovkine (F.), 35.
Goncourt (Edm. de), 105.
Goncourt (Edm. et Jules de), 105, 162.
Gonnard (R.), 12.
Good (Arthur), 130.
Gosse (E.), 77.
Gounod, 162.
Gourdault (J.), 12, 53, 57.
Gourdon (G.), 79.
Gozlan (L.), 72.
Grad (Charles), 12.
Graffigny (H. de), 57.
Grand-Carteret, 5.
Grand'homme (Mme), 130.
Grandmougin, 79.
Graux (G.), 105.
Gravier (H.), 26.
Gréard (O.), 5, 72, 130.
Grébauval, 105.
Green (J.-R.), 35.
Gréhant (N.), 155.
Grélot (F.), 18.
Grenier (Edouard), 72.
Grenville-Murray, 12.
Greville (C.-F.), 40.
Gréville (Henry), 105.
Gricourt et Kuhn, 169.
Grigaut (M.), 12.
Grigorowitch, 105.
Grimard (Ed.), 139.
Gros (Jules), 30, 139.
Gros (J.-M.), 72.
Grousset (Paschal), 29.
Grumbach (J.), 18.
Guéchot (M.), 172.
Guénin (Eug.), 35.
Guérin (E.-L.), 105.
Guéroult (Constant), 105.
Guerrier de Haupt (M.), 105.
Guibaud (Henri), 146.
Guichard (Victor), 18.
Guignard (Alf.), 18.
Guignet (E.), 136.
Guillaume (Ch.-E.), 133.
Guillaume (J.), 130.
Guillaumet (G.), 72.
Guillemot (G.), 105.
Guillemin (A.), 133, 136, 146.
Guillermond (D' G.), 155.
Guillon (E.), 29.
Guillot (P.), 18.
Guimbaud (Louis), 12, 40.
Guimet (Em.), 57.
Guiraud (E.), 165.
Guiraud (Paul), 24, 40.
Guitton (G.), 105.

Guizot (Fr.), 13, 26, 36.
Guy (P.), 133.
Guyau (M.), 5, 79.
Guyot (A.), 53.
Gyp, 105.

II

Hadamard, 133.
Haeckel (E.), 5.
Hager (Nelly), 105.
Hagueneau (S.), 57.
Hailly (G. d'), 105.
Halévy (F.), 165.
Halévy (Ludovic), 105.
Hall (Basil), 57.
Halt (Robert), 105.
Hamilton. 72. 105.
Hamon (G.), 18.
Hanotaux (G.), 13. 29.
Harang et Beaufils, 133.
Hardy de Perini, 26, 159.
Haucour (d'), 26.
Hanréau (B.), 26.
Haussonville (d'), 72.
Havette (René), 130.
Hébert (H.), 162.
Heimvch. 13.
Heine (Henri), 72, 77.
Hélène (Maxime), 162.
Hellouin (Fr.), 162.
Hély (Léon), 79.
Hément (Félix). 130, 139.
Hénard (R.). 33.
Hennequin (Em.), 72.
Henrique (Louis). 40.
Henry (Lieut. G.), 159.
Herbart (J.-F.), 130.
Heredia (J.-M.) de), 79.
Héricourt (D'), 155.
Hermant (Abel), 105.
Hernandez (P.), 169.
Hérodote, 24.
Hérold (F.), 165.
Herriot (Ed.), 72.
Hervieu (Paul). 82, 106.
Herzen (A.), 139.
Heuzé (G.), 144.
Hillebrand (K.). 13.
Hirsch (P.-A.), 13.
Hoefer (F.), 133, 139.
Hoffmann, 106.
Hogier (H.), 72.
Holland (Lord), 40.
Homère, 79.
Hommaire de Hell (Mᵐᵉ), 53.
Honsz (D'), 155.
Horace, 79.
Hospitalier (E.). 146.
Houdaille (F.), 134.
Hourst (Lieutenant), 57.
Houssaye (A.), 72, 106.
Houssaye (H.), 29.
Hovelacque (A.), 5, 130.
Huard (Ch.), 57.
Hubert (Lucien), 13.
Hübner (Baron de), 40, 57.

Huc (le Père), 57.
Hugo (Victor), 29. 57, 73, 77,
79, 82, 106.
Hugues (Clovis). 83, 106.
Huguet (D'), 155.
Humboldt (A. de), 139.
Huot (Fréd.), 18.
Huret (Jules), 57.
Husson (Fr.), 146.
Huxley, 139.
Huysmans, 106.

I

Ibsen, 83.
Imbert de Saint-Amand. 26,
40.
Isambart (G.). 33.
Iung (Th.), 29.

J

Jacolliot (Louis), 172.
Jacquemart (A.), 162.
Jacquemart et Bois, 146.
Jacquemont (Victor), 57.
Jacquet (L.), 146.
Jacquin (Et.), 130.
Jahyer. 162.
Janet (P.), 5.
Janin (J.), 106.
Jaubert (G.), 136.
Jaunez (A.), 146.
Jeannest (Ch.), 58.
Jeudy (R.), 83.
Jhô Pâle, 73.
Joanne (Ad.), 53.
Joguet-Tissot, 33.
Joinville, 40.
Jolicler (Et.), 40.
Joliet (Ch.), 106.
Joly et Lespieau, 136.
Joly (Henry), 5.
Joran (Th.), 77.
Jouanne (E.), 18.
Jouault (Alph.), 40.
Joubert (F.), 136.
Joubert (J.), 146.
Jouffroy (Th.), 5.
Jourdan et Dumout, 149.
Jourdan (G.), 18.
Journet (F.), 53.
Juillerat (P.), 155.
Juillet Saint-Lager, 19.
Jurien de la Gravière
(Edm.), 26, 29, 36, 58.
Jurien de la Gravière
(P.), 40.
Jusserand. 162.
Juvénal, 80.

K

Karazine, 58.
Karcher (Th.), 13.
Karr (Alph.), 106.
Keary (Miss), 106.

Kipling (Rudyard). 106.
Kleine, 29, 146.
Klopstock, 80.
Kotzebue, 169.
Koulomzine (de), 146.
Krains (H.). 106.
Kraszewski (J.). 106.
Krestowsky. 106.

L

Labadie (Em.), 149.
Labbé (Paul), 36.
Labédollière, 33.
Labiche (Eug.), 83.
La Boétie, 5.
Labonne (D'), 58.
Laborde (D'), 5, 155.
Labouchère, 146.
Laboulaye (E.), 73, 106, 172.
Labour (F.), 40.
La Brète (J. de), 106.
La Brière (L. de), 73.
La Bruyère, 5.
Lachanal, 26.
Lacombe (P.). 26, 162, 165.
Lacroix (D.), 29.
Lacroix (J.), 13.
Lafage (Léon), 106.
Lafayette (Mme de). 106.
Lafenestre (G.), 80.
Laffargue (J.), 146.
Laffineur (J.), 136.
Laffitte (J.), 33.
Laffitte (P.), 73.
Lafont (Em.), 13, 29.
Lafontaine (Ch.), 155.
La Fontaine (J. de), 80.
La Garde Chambonas. 29.
Lalo (Ed.), 165.
Lamarck, 5. 139.
Lamartine (de). 36, 40, 58, 80. 106, 146.
Lamb (Charles). 77.
Lambeau (L.), 33.
Lamber (Juliette), 40, 106.
Lamst, 149.
Landelle (de la). 106.
Landes (G.). 53.
Landrin (A.). 139.
Landrin fils, 146.
Lanessan (de), 5. 13. 139.
Lang (A.), 36.
Langlois (Ch.-V.), 36.
La Noet (Y. de), 172.
Lanoye (F. de), 53.
Lanson (G.), 73, 130.
Lanzac de Laborie, 33.
Lapointe (A.), 106.
Lapparent (A. de), 136, 139.
Laprade (V. de), 80.
Larbalétrier, 146.
Larchey (Lorédan), 40.
Largeau (V.), 58.
Larivière (Ch. de), 36.
La Roche (B. de), 171.

La Rochefoucauld (de), 5.
Larocque (J.), 13, 58.
Larroche (J.), 80.
Larroumet (G.). 73, 83.
Lasteyrie (F. de), 162.
Latude, 40.
Laugel (A.), 13, 36, 53.
Laumonier (J.), 27.
Laurent (Dr H.), 155.
Laurent (Dr O.), 130.
Laurent-Pichat, 80, 107.
Laut (Ernest), 27.
Lauvernay, 134.
Lauzun (Duc de), 40.
Lavallée (Théoph.), 27, 36, 53.
Lavedan (H.), 73, 83, 107.
Lavisse (E.). 36.
Lavollée (R.), 13, 73.
Léautey (Eug.), 149.
Léautey et Guilbault, 149.
Leblond (M.-A.), 73.
Lebois (M.-C.), 146.
Lebon (E.), 134.
Lebrun (H.-R.), 18.
Le Carpentier, 80.
Le Chatelier (H.), 146.
Le Chevallier et Cuminal, 5.
Lechopié et Floquet, 18.
Leclerc du Sablon, 139.
Leclercq (Jules), 58.
Leclère (Tristan), 162.
Lecomte (G.), 58, 73, 107.
Lecomte (H.), 33, 83.
Lecomte (Pr.), 146.
Leconte de Lisle, 80.
Le Couppey. 165.
Le Dantec (F.), 5, 139.
Ledeuil, 29.
Lee Childe (Mme), 58.
Lefebvre (Eug.), 147.
Lefèvre (A.), 155, 162.
Lefèvre (J.), 147.
Legay (T.), 73.
Legendre (A.-M.), 134.
Léger (Louis), 36, 77.
Le Goffic (Ch.), 13, 53.
Legouvé (E.), 73.
Legouvé (G.), 80.
Legrand et Chabrier, 107.
Legrelle (A.), 58.
Lehugeur (P.), 159.
Lejeal (A.), 136.
Lejeune (Général), 29.
Lekain, 83.
Lemaître (Jules), 73, 83, 107.
Le Mansois-Duprey, 13, 73.
Lemoyne (André), 80.
Lemire (Ch.), 27, 53.
Lenient (C.), 73, 83.
Lenormant (Fr.), 36.
Lenôtre (G.), 29, 40.
Léo (André), 172.
Léouzon-le-Duc, 58.
Lepage (Aug.), 107.
Le Pelletier (Em.), 144.
Leprince (Paul), 134.

Leriche (Henri), 107.
Lermontoff, 107.
Le Rousseau (J.), 13.
Le Roux (H.), 107.
Leroy (Charles), 107.
Lesage, 107.
Lesage (Charles), 13.
Lesbazeilles (E.), 53, 162.
Lesclide (Mme R.), 73.
Lesdain (Comte de), 58.
Lesseps (J.-B. de), 58.
L'Estoile (P. de), 27.
Lestrelin, 13.
Lesur, 36.
L'Etang (de), 13.
Létourneau (D'), 13, 139.
Léüs (M.), 13.
Lévèque (Ch.), 5.
Leverdays (E.), 13.
Le Verdier (H.), 107.
Lévis (Duc de), 73.
Lévy (D' A.), 155.
Lévy-Bruhl, 5.
L'Hermitte et M. Vérone, 18.
Lhomme (Ch.), 130.
L'Hopital (J.), 58.
Lichtenberger (A.), 107.
Liebig (J.), 137.
Liégeard (St.), 58.
Ligne (Prince de), 73.
Lindet (L.), 147.
Linguet, 73.
Lintilhac, 83.
Lissagaray, 33.
Livingstone, 58.
Lock (Fr.), 29.
Lonlay (Dick de), 29.
Lonlay (Eug. de), 80.
Lorédan (J.), 27, 107.
Loth (G.), 13, 144, 147.
Loti (Pierre), 58, 73, 107.
Lottin (E.), 134.
Louandre (Ch.), 36, 73.
Louis (Désiré), 40.
Louis (Paul), 13, 18.
Louit (Pierre), 73.
Louvet, 40.
Lubbock (Sir J.), 6, 139.
Lucain, 80.
Lucas (Ed.), 134.
Lucas (Fr.), 130.
Luce (Siméon), 27, 40.
Luchaire (A.), 27.
Lucipia (L.), 33.
Lumet (Louis), 162.
Lunel (B.), 149, 155.
Lussan (Colonel), 29.

M

Mabilleau, 73.
Macaulay, 36.
Macé (Jean), 107, 134, 139.
Machiavel, 13.
Mackenzie-Wallace, 14.

Macrae, 53.
Maël (P.), 107, 172.
Mæterlink, 83.
Mage (E.), 58.
Magé et Dietrich, 169.
Magnier (Edm.), 27.
Maguelonne (Mme), 77.
Mahé de la Bourdonnais, 41.
Mahomet, 6.
Maigne (P.), 147.
Maillard, 139.
Maillart (A.), 166.
Maistre (X. de), 73, 107.
Maizeroy (René), 107.
Malassez (J.), 172.
Malherbe, 80.
Mallarmé (St.), 73, 80.
Mallet (Fr.), 33.
Mallock (W.), 6.
Malmanche (Mme), 149.
Malmesbury (Lord), 41.
Malo (Léon), 147.
Malot (Hector), 107.
Malthus (R.), 14.
Mandat-Grancey (de), 144.
Mantegazza (P.), 77.
Manzoni, 108.
Maquet (Aug.), 108.
Marbeau (Ed.), 59.
Marc-Aurèle, 6.
Marcère (de), 29.
Marche (Alfr.), 59.
Marco Saint-Hilaire, 29.
Maréchal (Henri), 162.
Margollé (Elie), 53.
Margueritte (P.), 41, 108.
Margueritte (P. et V.), 108.
Mariassy, 130.
Markham (A.-H.), 59.
Marmier (X.), 36, 59, 108.
Marmontel, 74.
Marmottan, 163.
Marnier (Colonel), 41.
Maron, 74.
Marot (G.), 83.
Martha (Constant), 6.
Martial (D' R.), 156.
Martin (D' E.), 156.
Martin (Aimé), 130.
Martin (Louis), 19.
Martin (P.-J.), 6.
Martin de Condé, 27.
Martin Saint-Léon, 149.
Marzy (E.), 137.
Mas-Latrie (L. de), 36.
Maspéro (G.), 24.
Massé (V.), 166.
Massenet (J.), 166.
Massieu (Mme), 59.
Masson (Armand), 80.
Masson (C.-F.), 41.
Masson (M.), 6.
Masson-Forestier, 108.
Massonneau, 14.
Mathieu d'Auriac, 108.
Matrat (P.), 14.

Matter (Paul), 41.
Maugras (A.), 19.
Maugras (G.), 73.
Maumené (A.), 144.
Maupassant (de), 108.
Maureil-Parot (Mme), 6.
Mauret de Pourville, 147.
Maurice (F.), 14.
Maury (Alfr.), 53.
Mauzaize, 149.
Max-Simon, 156.
Mayne-Reid, 59, 108, 172.
Mazé (Jules), 108.
Meilhac et Halévy, 83.
Mellion (Ad.), 53.
Melzi (J.-B.), 169.
Membrée (Edm.), 166.
Menant (J.), 24.
Ménard (René), 163.
Menault (E.), 139.
Mendelssohn, 166.
Mendès (Catulle), 108.
Ménorval (de), 33.
Mérat (Alb.), 80.
Mercier (Alex.), 150.
Mercier (Ch.), 156.
Mérimée (Pr.), 83, 108.
Merlet (G.), 74.
Mérouvel (Ch.), 108.
Méry, 83, 108.
Messager (A.), 166.
Metchnikoff (L.), 14.
Métral (P.), 137.
Meunier (Stanis.), 134, 139.
Meunier (Mme Stanislas), 108, 139.
Meunier (Victor), 6.
Meurice (Paul), 83.
Meyerbeer (G.), 166.
Meyrac (Alb.), 27.
Mézières (A.), 27, 77, 84.
Michaut (N.), 74.
Michel (Alb.), 139.
Michel (André), 163.
Michel (Henri), 19.
Michel (Léon), 59.
Michelet (J.), 27, 29, 36, 53, 74.
Michelet (Mme J.), 74.
Mignet, 6, 36.
Millaud (Albert), 80.
Mille (P.), 74.
Millet (C.), 53.
Millevoye, 80.
Milloué (L. de), 6, 24.
Milton, 80.
Milton et Cheadle, 59.
Mimande (P.), 14.
Minel (P.), 147.
Miquel (A.), 156.
Miron (A.), 33.
Miscopein (A.), 19.
Mismer (Ch.), 59.
Mistral (Fr.), 74, 80, 169.
Mithouard (Ad.), 6.
Modeste (V.), 14, 29.
Moges (de), 59.

Moinaux (J.), 108.
Moiroux (J.), 37, 163.
Moitessier, 137.
Molé, 74.
Molière, 84.
Molinari (G. de), 14.
Molinier (A.), 163.
Mommerot (Mme de), 172.
Mondelli, 29.
Monier (E.), 137.
Monin (Dr E.), 156.
Monnier (Marc), 24.
Monprofit (O.), 27.
Monselet (Ch.), 59, 74.
Montagné et Jacquot, 156.
Montagu (A.), 14.
Montaigne, 6, 59.
Montano (Dr J.), 59.
Montégut (Em.), 6, 53, 59, 74, 77, 163.
Montépin (X. de), 108.
Montesquieu, 6, 14, 24, 74.
Montet (J.), 108.
Montheuil (A.), 14, 19, 37.
Montillot (J.), 19.
Montpellier, 147.
Montpensier (duc de), 41.
Monzie (A. de), 130.
Moore (George), 14.
Moréas (Jean), 80, 108.
Moreau (Hégés.), 80.
Morel (A.), 6.
Morel (Pierre), 14, 19.
Morgand (D.), 33.
Morice (Ch.), 163.
Morillot (Paul), 74.
Morphy (Michel), 109.
Mosso (A.), 156.
Motteville (Mme de), 41.
Mougeolle (P.), 37.
Mouhot (H.), 59.
Moulin (René), 31.
Mousset (Ernest), 130.
Mouton (Eug.), 109.
Mouton (Léo), 33.
Moynet (J.), 147.
Mozart, 166.
Muel (L.), 31.
Mulé (A.), 109.
Muller (Elisab.), 27.
Muller (Eug.), 109, 147.
Muller (Max.), 6.
Murger (Henry), 80, 109.
Musset (A. de), 74, 80, 84, 109.
Musset (Paul), 74.

N

Nadar, 109.
Nagour, 81.
Nansouty (M. de), 147.
Narjoux (F.), 59, 163.
Naville (Ed.), 6.
Nerval (Gérard de), 59.
Néton (A.), 41.
Neufville (P. de), 59.

Pouchkine, 37, 81, 110.
Poujol (Ch.), 131.
Pouvillon (Em.), 110.
Pradier-Fodéré, 19.
Prat (G.), 15, 31.
Pravaz (Henriette), 172.
Précis (V.), 148.
Preux (L.), 144, 148.
Préville, 74 .
Prévost (Abbé), 110.
Prévost (Marcel), 110.
Privas (X.), 81.
Prod'homme (G.), 163.
Prolès (Ch), 41.
Prost (Yvette), 110.
Proudhon (P.-J.), 15, 150.
Prud'homme, 148.

Q

Quatrefages (de), 139.
Quatrelles, 60, 74, 110.
Quentin-Bauchart, 41.
Quincey (Th. de), 77.
Quinet (Edgar), 60, 74.
Quinte-Curce, 24.

R

Rabelais, 74.
Racine (J.), 81, 84.
Radau, 137.
Ralston, 77.
Rambaud (Alfr.), 15, 27, 41.
Rameau (Jean), 81, 110.
Rameau (M.), 37.
Rapet (J.-J.), 15.
Rasch (G.), 31.
Rault et Phélipot, 19.
Raux (Marcel), 19, 144.
Raymond (X.), 31.
Raynaly (E.), 163.
Raynaud (Ern.), 81.
Razous (Mme), 15.
Rebeillard (E.), 15, 19.
Rébouis (Em.), 156.
Reclus (Armand), 60.
Reclus (Elisée), 53, 60.
Reclus (Onésime), 53, 60.
Récopé (A.), 131.
Regnard, 84.
Regnaud (P.), 6.
Regnault (El.), 31.
Regnault (H.), 74.
Régnier (Mathurin), 81.
Reibrach (Jean), 110.
Reinach (J.), 74.
Reinach (Th.), 24.
Rémusat (P. de), 41.
Renan (E.), 6, 74.
Renard (G.), 15.
Renard (Jules), 110.
Renard (Léon), 148.
Renaud (Armand), 37, 81.
Rendu Victor), 140, 144.

Renée (Am.), 27.
Renel (Ch.), 6.
Retz (Cardinal de), 37, 41.
Réveillé-Parise, 156.
Révillon (Tony), 110.
Revoil (G.), 60.
Reybaud (Mme Ch.), 110.
Reybaud (Louis), 60, 110, 148.
Reyer (E.), 166.
Reynald (H.), 37.
Reynaud (J.), 7, 140.
Riant (A.), 156.
Ribard (D'), 156
Richebourg (Em.), 110.
Richelieu (duc de), 41.
Richepin (Jean), 110.
Richet (Ch.), 156.
Riotor (Léon), 163.
Riouffe, 41.
Risson (Paul), 150.
Ritter (W.), 110.
Rivière (G.), 37.
Rivière (H.), 60, 110.
Rivière (Louis), 15.
Rivoyre (D. de), 60.
Robert (Clémence), 110.
Robert (L. de), 110.
Robert Halt (Mme), 173.
Robinet (D'), 41, 156.
Robinet de Cléry, 60.
Robiquet (P.), 19, 37.
Roca (Emile), 27.
Rochau (de), 31.
Rochefort (H.), 41.
Rocques (X.), 148.
Rod (Edouard), 74, 77, 110.
Rodd (Rennell), 41.
Rodenbach (G.), 110.
Roland (Lieut' M.), 131, 159.
Roland (Mme), 41.
Rolland (Ch.), 37.
Rollinat (Maurice), 81.
Ronsard, 81.
Roosevelt (Th.), 15.
Rossignol (Jean) 41.
Rossini, 166.
Rostand (Edm.), 84.
Rothan (G.), 31.
Rothschild (Dr H. de), 156.
Rouge (D'), 156.
Roujoux et Vincent, 37.
Rousseau (J.-B.), 75.
Rousseau (J.-J.), 74, 81, 110, 131.
Rousseau (L.), 140.
Rousselet (Albin), 156.
Rousselet (Louis), 60.
Roussel (C.), 31, 37.
Rousset (Léon), 60.
Rouvre (Ch. de), 110.
Roux (Alph.), 163.
Roux (Am.), 77.
Rouyer (Capitaine), 31.
Rovetta (G.), 110.
Roy (J.-J.), 31.
Roz (F.), 15.
Rozan (Ch.), 7, 75.

Rubat de Mérac, 19.
Ruffi de Pontevès. 31.
Ruffin (Alf.). 81.
Rulhières, 37.
Russell Wallace. 60.

S

Sabatier (C.), 15.
Sabatier (P.). 145.
Sacher (G.), 20.
Sacher-Masoch. 110.
Sachs (Julius). 140.
Sadoul (V.), 15.
Saint-Aubin (D'). 156.
Saint-Augustin, 77.
Sainte-Beuve, 75, 110.
Saint-Evremond, 75.
Saint-Germain-Leduc. 140.
Saintine, 110.
Saint-Jouan, 15.
Saint-Maurice (de). 15.
Saint-Maurice (Rémy). 173.
Saint-Paul (B.), 148.
Saint-Réal (de), 37.
Saint-Saëns, 166.
Saint-Simon. 27. 41.
Salgari (Em.), 173.
Salluste, 24.
Salomon (M.). 75.
Samain (Alb.), 81.
Sand (George), 31. 60. 75, 84. 110.
Sand (Maurice). 111.
Sandeau (Jules). 111. 173.
Sanderval (O. de). 61.
Sarcey (Francisque). 75.
Sarcey (Yvonne). 131.
Sardou (L.). 75.
Sardou (V.). 112.
Sarrazin. 37.
Sarrut (G.). 31.
Sassenay (de). 37.
Sauriac (X.). 15.
Sauvage (Ed.), 148.
Sauvage (H.), 148.
Sauvage (R.). 15.
Sauzay. 148.
Say (Léon), 15.
Sayce (A.), 24.
Sayous (A.). 131.
Sayous (E.). 37.
Schéfer (P.). 131.
Schéfer (Mm). 131.
Schéfer et Amis (Mme). 131.
Schéfer et François (Mme), 156.
Schiller. 37. 81. 84.
Schlœsing fils, 145.
Schmit (H.), 131.
Schmoll (A.). 166.
Schnitzler. 38.
Schreiner, 31.
Schubert (Fr.). 166.
Schuré. 24. 60. 163.
Schweinfurth, 60
Scott (W.), 38, 81, 112. 69.

Scudo (P.). 163.
Séché (Léon), 75.
Second (Albéric). 112.
Sedaine, 84.
Sée (Camille), 15.
Ségalas (Mme), 81.
Ségur (Cte de). 31. 42.
Ségur (Cte de), 173.
Séché (Désiré). 131.
Seignobos (Ch.). 15.
Seilhac (L. de). 15.
Seillière (E.), 15.
Sellier (Ch.). 33
Séménoff (E.), 16.
Sénart (Em.). 16.
Senior (W.), 60.
Serao (Mathilde). 112.
Serena (Mme), 61.
Scrigne, 145.
Serre (Edouard). 20.
Sévigné (Mme de). 75.
Shakespeare. 84.
Shelley, 81.
Siebecker, 16.
Sienkiewicz. 112
Simon (Eug.), 75.
Simon (Jules). 7, 16, 131.
Simonin (L.). 53, 60, 148.
Simyan (J.), 131.
Smiles (S.), 131.
Solari (Em), 112.
Soleillet (Paul). 60.
Sollier (Dr P.). 156.
Sonrel (L.), 140.
Sophocle. 84.
Sorel (Albert). 31. 75.
Sorel (Ernest), 37. 148.
Sorel (G.), 7.
Sorin (Elie), 38.
Soulié (Fréd.). 112.
Soulier (Eug.), 148.
Souvestre (Em.). 112.
Souviron (A.), 20.
Souvaroff (Princesse), 38.
Speke et Grant, 60.
Spencer (Herbert), 7, 16, 131.
Spero (Capitaine), 159.
Sporck (G.). 166.
Spuller (Eug.). 7. 16. 42. 75. 131.
Staël (Mme de). 75, 78, 112.
Stanley Weymann, 114.
Stapfer (Paul). 75. 78.
Stendhal 113.
Stephan (H.). 53.
Stern (Daniel), 16, 31.
Sterne, 78.
Stevenson (R.). 113, 173.
Stoullig (Edm.), 84.
Strack, 7.
Strauss (Ch.). 20.
Strauss (J. et E.). 166.
Strauss (Paul). 16.
Strauss et Fillassier, 20.
Stroobant (P.), 134.
Stuart-Mill, 7.
Sue (Eugène), 113.

Suffren de la Condamine, 81.
Sully, 16.
Sully-Prudhomme, 81.
Suptil (A.), 131.
Suran (Th.), 7.
Suttner (Baronne de), 113.
Swift, 173.
Swinburne, 81.
Sybel (H. de), 38.
Sylvanecte, 31

T

Taine, 7, 16, 42, 60, 75, 113, 163.
Taisey-Chatenoy (Mᵐᵉ de), 31.
Talbert, Em.) 53.
Talmeyr (Maurice), 113.
Tardit et Ripert, 20.
Tasse (Le), 81.
Taudière (H.), 16, 20.
Tcheng-ki-tong, 16.
Ténot (Eug.), 32, 33.
Terrier et Péraire, 156.
Terwagne (Dʳ), 156.
Tessereau (Dʳ), 157.
Teste (Louis), 60.
Texier, 16.
Texier et Dutheil, 134.
Texte (J.), 75.
Thackeray, 38.
Théocrite, 81.
Theuriet (André), 75, 81, 113.
Thévenin (Ev.), 131.
Thiébault (D.), 42.
Thierry-Mieg, 150.
Thiers (Ad.), 31.
Thomas (Alb.), 16.
Thomas (Ambr.), 166.
Thomas (Colonel), 31, 75.
Thomas (Emile), 24.
Thomas-Anquetil, 60.
Thomson (J.) 60.
Thoury (F.), 42.
Thucydide, 24.
Thureau-Dangin, 31.
Tillier (Ch.), 113
Tilly (de), 42.
Tinayre (Marcelle), 113.
Tinseau (L. de), 113.
Tissandier (G.), 137, 140, 148.
Tissot (A.), 134.
Tissot (V.), 16, 53, 113.
Tissot et Améro, 173.
Todière (L.), 42.
Tolstoï (Léon), 113.
Topart (Edm.), 131.
Topffer (Rod.), 113, 163.
Topinard (P.), 140.
Touchard-Lafosse, 33.
Toudouze (G.), 148, 173.
Tourguéneff (I.) 78, 113.
Trabut (L.), 140, 157.

Trébuchet (L.), 27
Trélat (Em.), 157.
Trémisot (G.), 173.
Triboulet et Delobel, 157.
Trillat (A.), 157.
Troismaux (Edgar), 20.
Troost et Péchard, 137.
Trotignon (L.), 113.
Truan (H.), 75.
Truchot (P.), 137.
Trumelet (Colonel), 60.
Tuetey (Louis), 27, 159.
Turenne, 42.
Turot et Bellamy, 16.
Turpin de Sansay, 76.
Twain (Mark), 113, 173.
Tyndall, 60, 134.

U

Uchard (Mario), 113.
Udine (Jean d'), 163.
Ulbach (Louis), 113.

V

Vacquant (Ch.), 134.
Vacquerie (Aug.), 81, 84.
Vacquier (J.), 33, 163.
Valade (Léon), 81.
Valbel (H.), 113.
Vallat (G.), 27.
Vallette et Jacob, 16, 20.
Valran (G.), 16.
Valton (E.), 163.
Vambéry (A.), 38, 60.
Vandérem (F.), 113.
Vanderheym (J.), 60.
Vannier (A.), 131.
Varenne (Mᵐᵉ L.), 7.
Variot (Dʳ), 157.
Vattemare, 60.
Vattier (V.), 113
Vaublanc (de), 42.
Vauchez (E.), 131.
Vauclin (N.), 131.
Vauvenargues, 7.
Veber (Adrien), 148.
Veber (Pierre), 113.
Verconsin, 84.
Verdi, 166.
Vereschagin, 78.
Vergani, 169.
Verley (A.), 173
Verne (Jules), 60, 84, 173.
Vernes (M.), 25.
Véron (Eug.), 7, 38.
Verschuur, 60.
Vertot (de), 38.
Vesco (E.), 84.
Vessiot (A.), 131.
Vial (Fr.), 131.
Viard (Ed.), 60.
Viardot (Louis), 163.
Viaud et Vasnier, 157.
Vibert (Paul), 148.

Vicaire (G.), 81.
Vidal (Léon), 148.
Vidal-Lablache (P.), 60.
Vigneau (J.), 150.
Vignon (Claude), 113.
Vigny (Alfr. de). 76, 82, 84, 113.
Vigouroux (L.), 16.
Villamur et Richaud, 54.
Villard (Th.), 16.
Villebresme (de), 33.
Villetard de la Guéric, 38, 54.
Villiers (A. de). 148.
Villon (Fr.), 82.
Vincent et Weber, 150.
Vinot (J.), 134.
Viollet-le-Duc, 163.
Virgile, 82.
Vitu (Auguste). 85.
Vogt (Carl), 145.
Voivreuil (L. de). 148.
Volney, 76.
Voltaire, 7, 16, 27, 38, 42, 76, 82, 85, 113.
Vonliarliarski, 114.
Vuillaume (Max.), 33.

Weiss (J.-J.). 85.
Weiss (Paul), 137.
Wells (G.-H.), 114.
Wey (Francis). 60, 78, 114.
Whitehouse, 38.
Whitmann (S.), 16.
Wilde (Oscar), 114.
Wilder (V.), 163.
Wilkins (A.), 25.
Willoughby, 20.
Wils, 82.
Witt (Mmes de), 16, 27.
Witte (Baron J. de), 60.
Wogan (T. de), 60.
Willy, 163.
Wuarin, 20.
Wurtz (Ad.), 137.
Wurtz et Bourges (Drs), 157.
Wyss, 173.
Wyzewa (de), 76, 114

Y

Young (Arthur), 16.
Yvon (D' P.), 157.
Ys (René d'), 76.

W

Wagner (Richard), 163, 167.
Walch (G.), 82.
Walckenaer (A.), 76.
Waliszewski, 78.
Wallon (E.), 148.
Wallon (Jean), 7.
Ward (Mrs H.), 114.
Watbled (E.), 31.
Weber, 42.
Weddell, 60.

Z

Zaccone (P.), 114.
Zadoks, 20.
Zeller (J.), 38.
Zidler (G.), 82.
Zobelitz (H. de), 114.
Zola (Emile), 114.
Zurcher (F.), 134.
Zurcher et Margollé, 54, 60, 134.
Zyromski (Ern.), 76.